ÉDIFICES
DE
ROME MODERNE.

DU MÊME AUTEUR

PLAN TOPOGRAPHIQUE DE ROME,

Cette planche, à l'exécution de laquelle ont coopéré neuf graveurs habiles,

est ornée de groupes de monuments et de statues

terminés au burin.

SE TROUVE A PARIS:

Chez l'Auteur,........................rue de Verneuil, 11;
— Carilian et Dalmont, libraires, quai des Augustins, 39;
— Rance aîné, marchand d'estampes, rue Saint-Denis, 271;
— Lenoir, marchand d'estampes........quai Malaquais, 5;
— Treuttel et Wurtz, libraires........rue de Lille, 17;
— Brockhaus et Avenarius, libraires, rue Richelieu, 60;
— Mathias, libraire................quai Malaquais, 15;
— Firmin Didot Frères, imprimeurs-libraires, rue Jacob, 56.

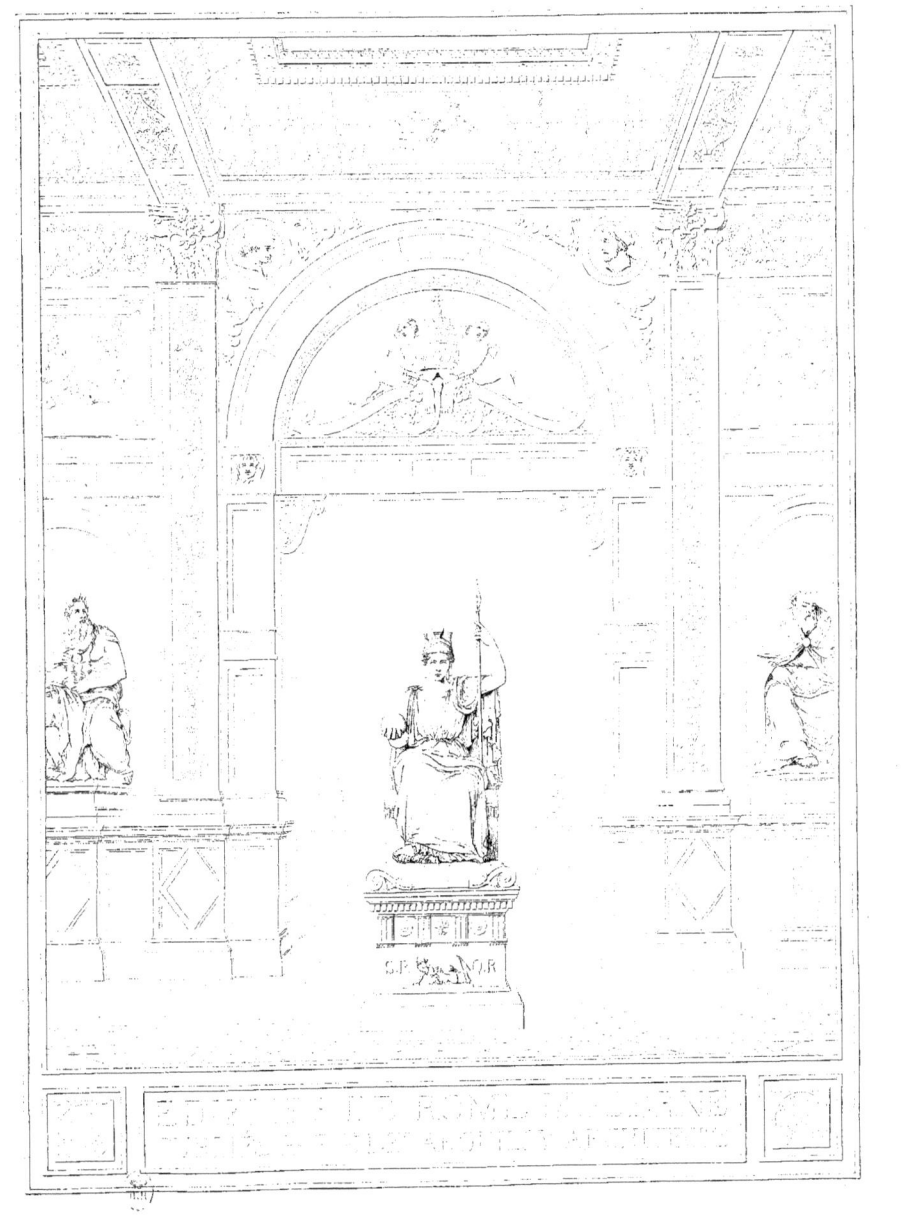

ÉDIFICES

DE

ROME MODERNE,

OU

RECUEIL

DES PALAIS, MAISONS, ÉGLISES, COUVENTS,

ET AUTRES MONUMENTS PUBLICS ET PARTICULIERS LES PLUS REMARQUABLES

DE LA VILLE DE ROME,

DESSINÉS, MESURÉS ET PUBLIÉS

PAR P^L. LETAROUILLY,

ARCHITECTE.

TOME PREMIER.

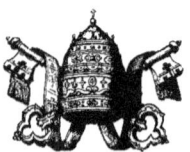

Terrarum dea... cui par nihil
et nihil secundum.
FRONT. DE AQUÆD.

Déesse de la terre... à qui rien
n'est comparable et dont
rien n'approche.

PARIS.

TYPOGRAPHIE DE FIRMIN DIDOT FRÈRES,

IMPRIMEURS DE L'INSTITUT DE FRANCE,

RUE JACOB, 56.

M DCCC XL.

A SA MAJESTÉ
LOUIS - PHILIPPE
ROI DES FRANÇAIS.

Sire,

L'HISTOIRE consacre le nom des Princes amis et protecteurs des arts. Paris embelli par vos soins, tant de monuments achevés, Fontainebleau restauré avec une splendeur toute royale, enfin le musée de Versailles généreusement ouvert à toutes les gloires de la France, sont des titres qui marquent à jamais votre place dans la postérité. Déjà la justice contemporaine a devancé pour vous celle de l'avenir : la reconnaissance des artistes vous est acquise. Les artistes, en effet, pouvaient-ils ne pas sentir et apprécier ce que votre munificence a fait dans l'intérêt des arts!

Pénétré des mêmes sentiments, je viens, Sire, vous prier d'agréer l'hommage de mes études sur *les Édifices de Rome*. J'ose espérer que cet ouvrage, auquel j'ai déjà consacré plus de dix-huit années de travaux assidus et désintéressés, aura quelque prix à vos yeux. Une œuvre de ce genre ne pouvait être plus justement dédiée qu'au Monarque qui a su comprendre que l'Architecture, plus qu'aucun autre art, éternise la mémoire des peuples et celle des Rois.

Je suis avec un profond respect,

DE VOTRE MAJESTÉ,

S<small>IRE</small>,

Le très-humble et très-dévoué Serviteur,

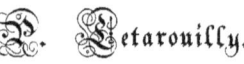

Paris, le 25 Décembre 1840.

AVIS AU LECTEUR.

Le texte de cet ouvrage est composé d'un *Discours préliminaire*, d'une suite d'articles compris sous le titre de *Renseignements divers*, et enfin de *Notices historiques et critiques* sur chacun des monuments reproduits par nos gravures. Nous avons détaché ce texte du volume des planches, pour rendre celui-ci plus léger et d'un usage plus commode lorsqu'on voudra recourir aux notes en ayant les figures sous les yeux.

Une considération analogue nous a fait préférer pour ce même texte le format *in-quarto* à celui de l'*in-folio*, que ses dimensions considérables rendent embarrassant à la lecture, surtout quand l'attention doit être partagée entre les notes et les gravures.

Ces dispositions, rarement usitées, seront peut-être blâmées; mais j'ai la conviction que le lecteur en reconnaîtra bientôt les avantages, et nous saura gré de les avoir adoptées.

TABLE ALPHABÉTIQUE

DES ÉDIFICES REPRÉSENTÉS DANS LE PREMIER VOLUME.

CHAPELLES.

Ghigi.............................	Planches 97 et 98
Di S. Gio : in Oleo.................	Pl. 25
Di S. Pietro in Montorio............	Pl. 103 à 105
Sancta Sanctorum...................	Pl. 57

COLLÉGE ET MAISON PROFESSE.

Casa professa de' Gesuiti...........	Pl. 41
Della Sapienza.....................	Pl. 70 à 72

ÉGLISES ET COUVENTS.

S. Agnese hors des murs............	Pl. 112 à 114
S. Catarina de' Funari..............	Pl. 5
S. Lorenzo in Piscibus..............	Pl. 97
S. Omobono.......................	Pl. 41
S. Marco..........................	Pl. 73
S. M. dell' Anima..................	Pl. 68 et 69
S. M. in Cosmedin..................	Pl. 68
S. M. in Domnica..................	Pl. 5
S. M. di Loreto....................	Pl. 7
S. M. de' Monti....................	Pl. 27
S. M. della Pace...................	Pl. 63 à 66
S. M. in Vallicella..................	Pl. 109
S. M. in Trivio....................	Pl. 97
S. Pietro in Montorio...............	Pl. 44
S. Salvatore in Lauro...............	Pl. 91
SS. Trinità de' Pellegrini............	Pl. 9

HOPITAL.

Di S. Gio : de' Genovesi............	Pl. 91

MAISONS.

Près S. M. in Monticelli............	Pl. 36
Piazza (*place*) Borghese.............	Pl. 99
Piazza Madama.....................	Pl. 18
Piazza Navona.....................	Pl. 37 à 39
Piazza della Pace..................	Pl. 24
Piazza di S. Salvatore in Lauro.......	Pl. 47
Piazza de' Satiri...................	Pl. 31
Piazza Serlupi.....................	Pl. 92
Via (*rue*) Alessandrina..............	Pl. 57
Via dell' Angelo Custode............	Pl. 6
Via delle Coppelle..................	Pl. 99
Via di S. Gio : in Laterano..........	Pl. 10
Via del Governo vecchio............	Pl. 13
Via...*idem*........................	Pl. 35
Via Gregoriana....................	Pl. 11
Via de' Lucchesi...................	Pl. 42
Via di S. Lucia....................	Pl. 99
Via dell' Orso.....................	Pl. 24
Via...*idem*.......................	Pl. 32 et 33
Via delle Cinque Lune..............	Pl. 18
Via di Parione.....................	Pl. 55
Via delle Quattro Fontane...........	Pl. 24
Via...*idem*.......................	Pl. 92
Via di tor de' Specchi...............	Pl. 12
Vicolo (*petite rue*) del Governo Vecchio...	Pl. 110
Vicolo de' Matricciani..............	Pl. 110

PALAIS.

Altieri............................	Planche 67
Piazza de' SS. Apostoli.............	Pl. 40
Astalli............................	Pl. 40
D'Aste............................	Pl. 111
Del Banco di S. Spirito.............	Pl. 47
Boadile...........................	Pl. 56
Boccapaduli.......................	Pl. 34
Del Bufalo........................	Pl. 17
Piazza di Campo Marzo.............	Pl. 18
Della Cancellaria..................	Pl. 79 à 90
Capranica........................	Pl. 21
Cardelli..........................	Pl. 34
Cardelli..........................	Pl. 57
Cicciaporci.......................	Pl. 106
Della Consulta....................	Pl. 29 et 30
Corandini........................	Pl. 92
Via de' Coronari..................	Pl. 111
Costa............................	Pl. 43
Doria Panfili......................	Pl. 58 à 60
La Farnesina (*dit*).................	Pl. 100 à 102
Gentili...........................	Pl. 111
Grimaldi.........................	Pl. 54
Guarnieri.........................	Pl. 42
Linotte...........................	Pl. 49 à 52
Maccarani........................	Pl. 48
Mattei di Giove...................	Pl. 107 et 108
Mignanelli........................	Pl. 53
Molara...........................	Pl. 36
Muti Papazzurri...................	Pl. 8
Muti Papazzurri...................	Pl. 28
Nari.............................	Pl. 37
Nari.............................	Pl. 54
Niccolini.........................	Pl. 14 et 15
Vicolo. Dell'oro *ou* del Consolato.....	Pl. 106
Ossoli............................	Pl. 61 et 62
Piazza della Pace..................	Pl. 23
Palma............................	Pl. 1 à 3
Parracciani.......................	Pl. 54
Patrizi...........................	Pl. 20
Patrizi...........................	Pl. 22
Porto di Ripetta...................	Pl. 10
De' Romanis......................	Pl. 36
Sacchetti.........................	Pl. 92 à 96
Spada (*petit palais*)................	Pl. 26
Strozzi...........................	Pl. 111
Tomati...........................	Pl. 20
Trulli............................	Pl. 34
Di Venezia........................	Pl. 73 à 78
Verospi...........................	Pl. 16

PORTES.

Del Governatore...................	Pl. 19
Di S. Spirito......................	Pl. 45 et 46
PORTIQUE sur le Capitole............	Pl. 4

PALAIS PALMA
Via di Pie Cinque

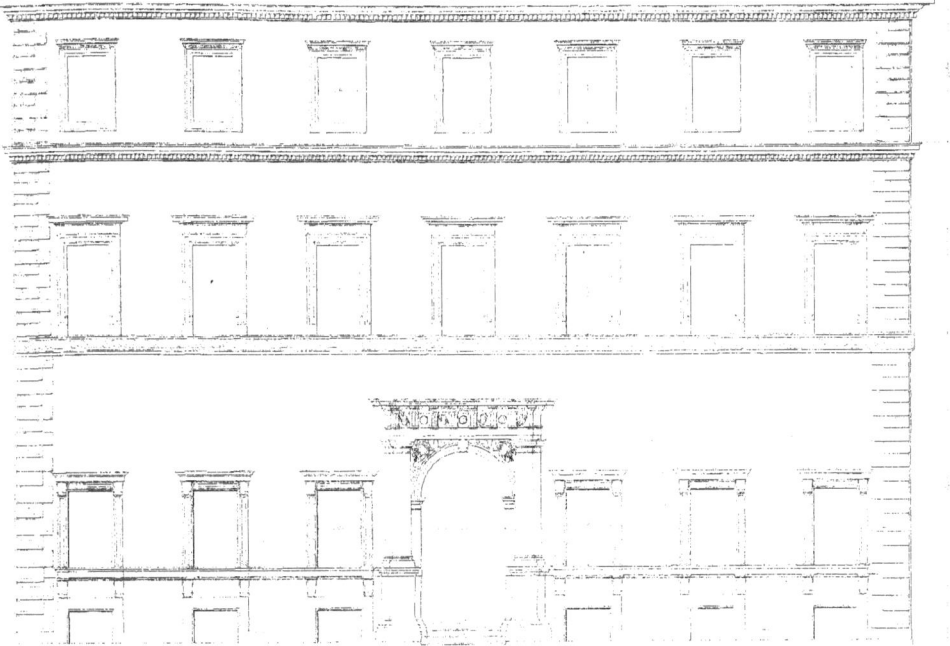

Élévation

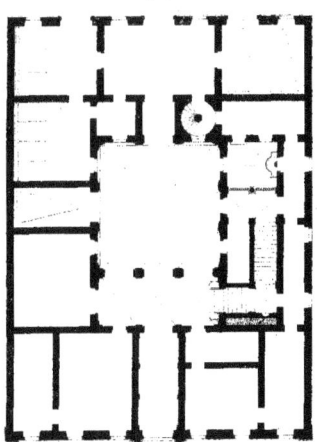

Plan

PALAIS PALMA
Via delle Coppelle

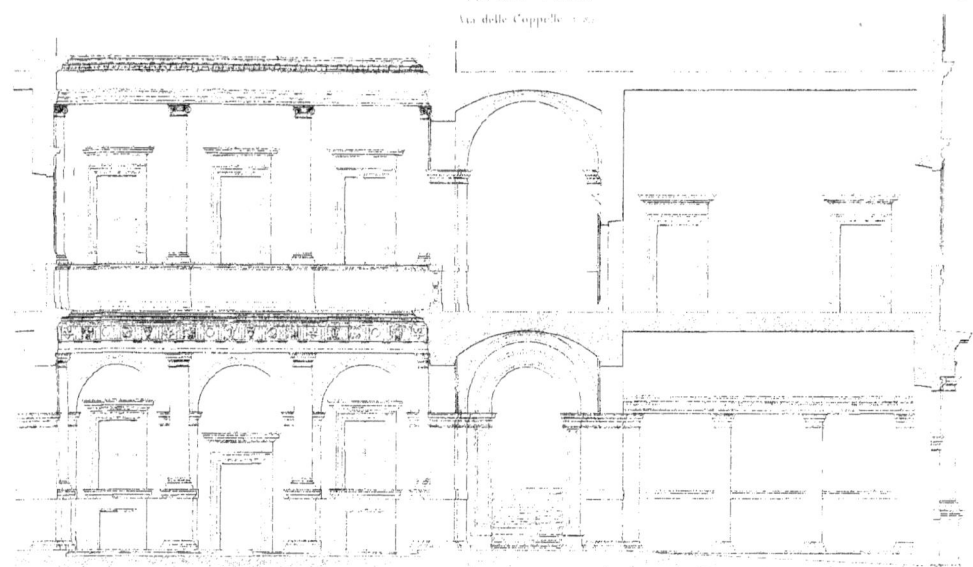

Coupe sur la longueur

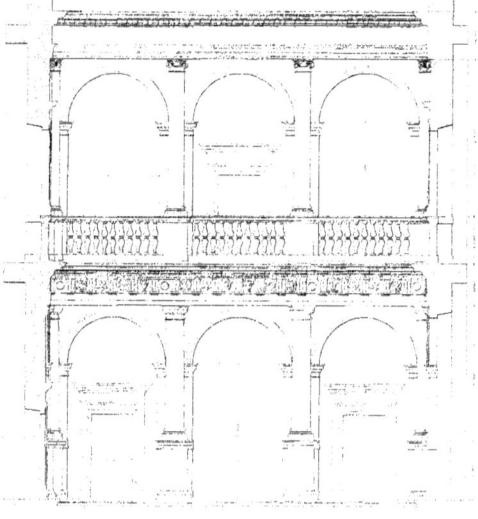

Coupe sur la largeur vers la loge

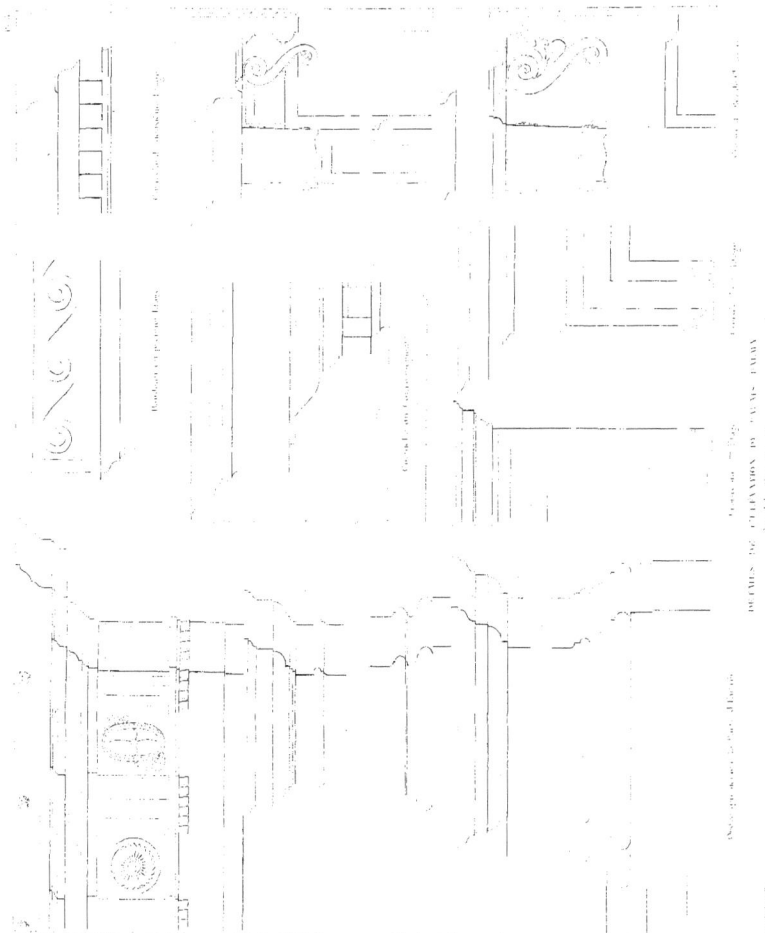

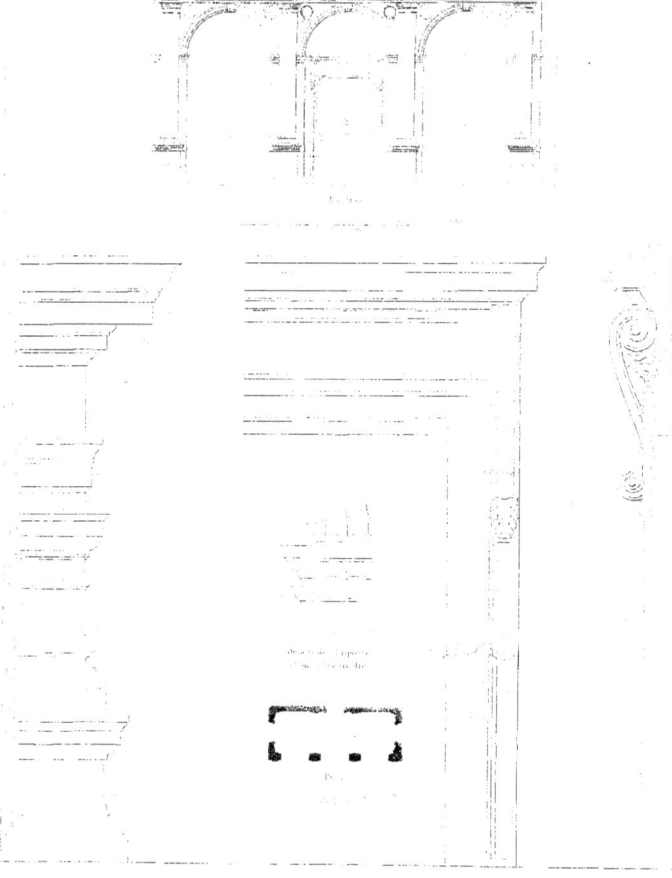

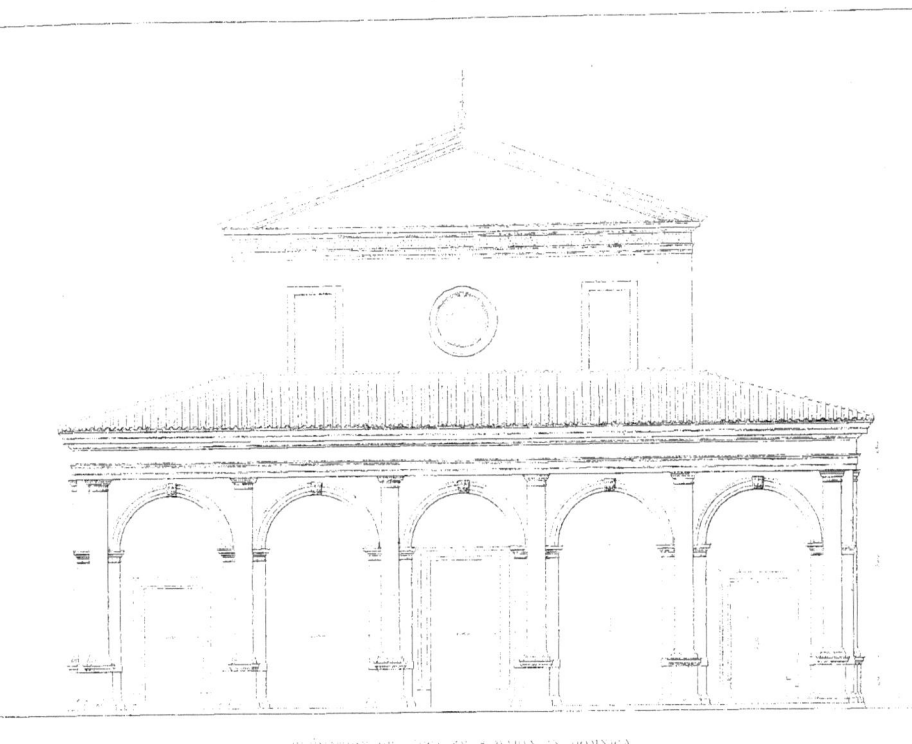

ÉLÉVATION DE L'ÉGLISE S. MARIA IN DOMNICA

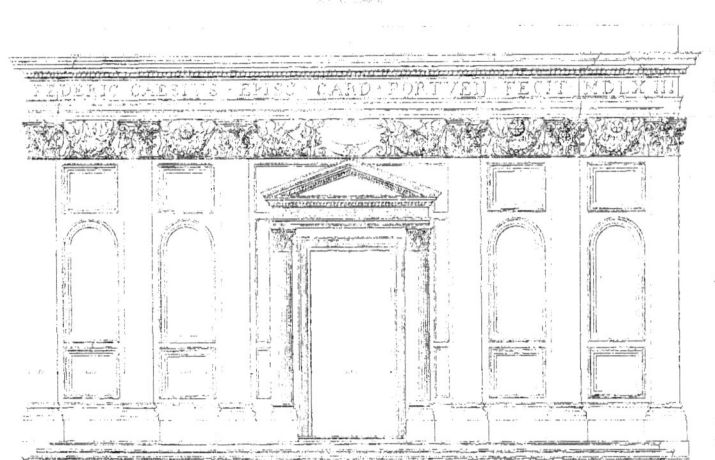

ÉGLISE S. CATARINA DE' FUNARI

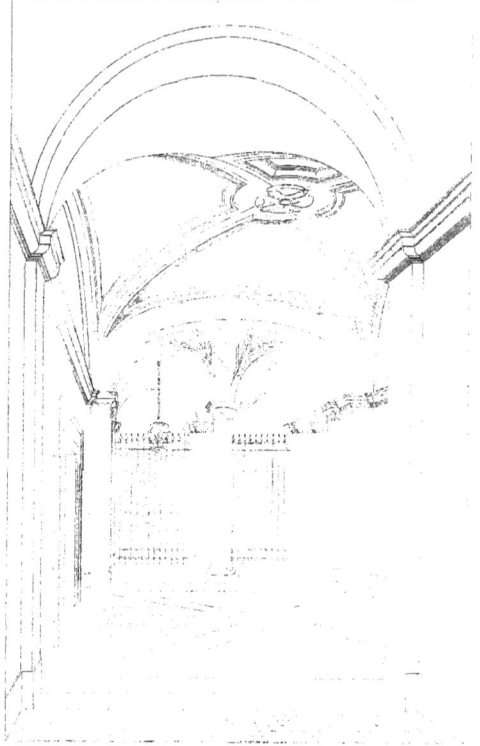

Vue du vestibule de la maison ci-dessus

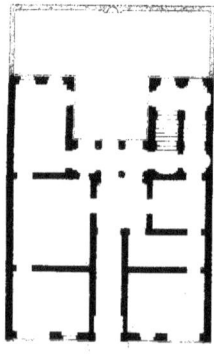

Plan d'une maison via dell'angelo custode

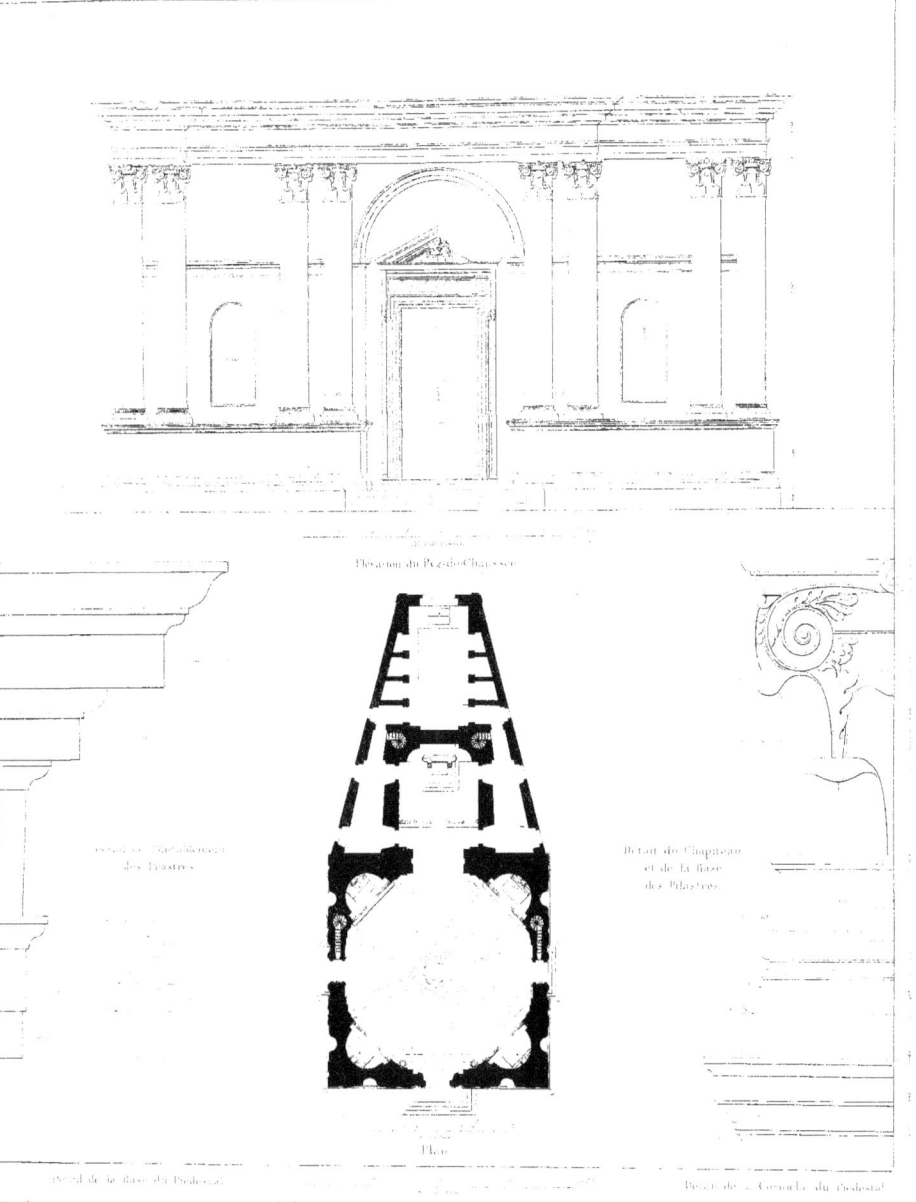

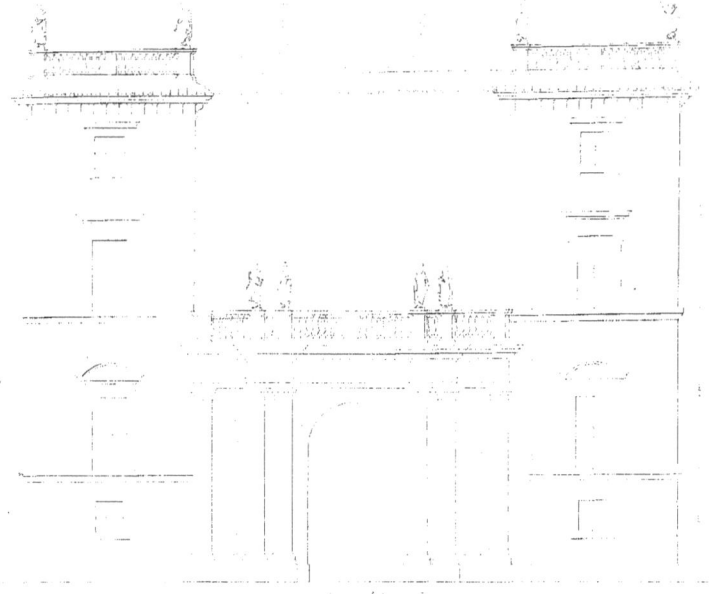

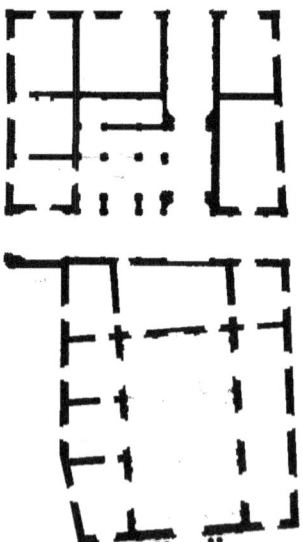

PLAN ET ELEVATION DU PALAIS MUTI-PAPAZZURRI
Piazza della Pilotta

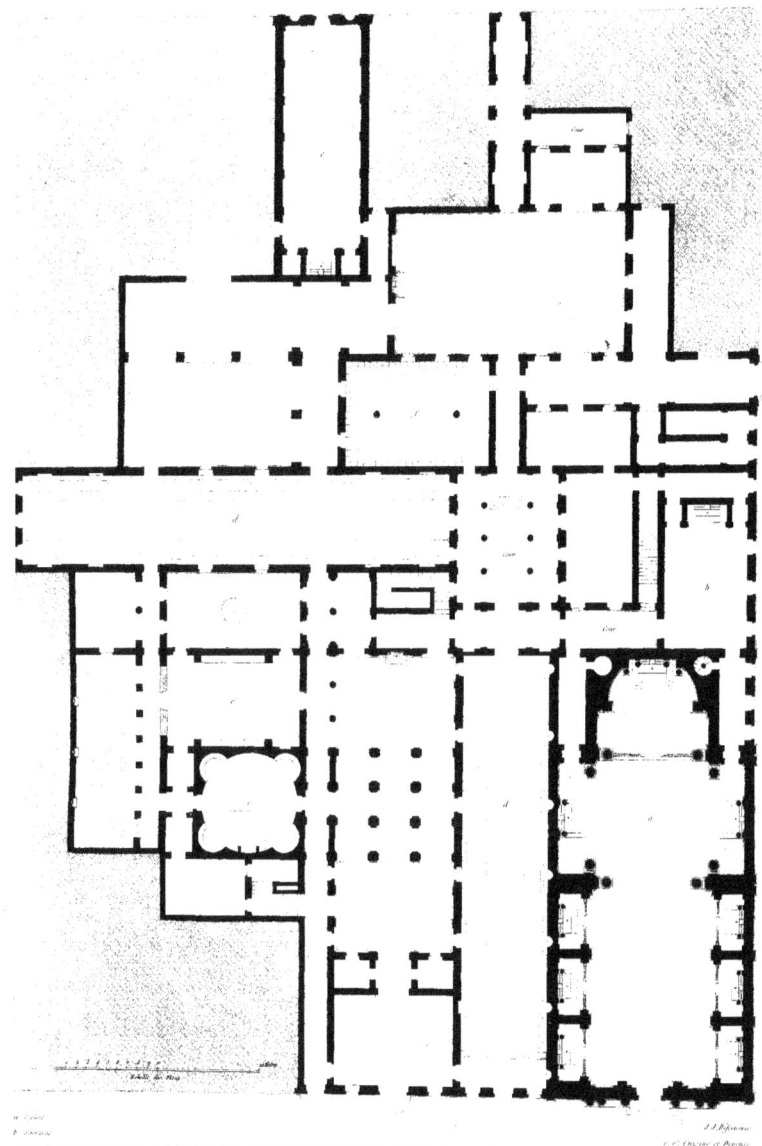

PLAN DE L'ÉGLISE ET DE L'HOSPICE DELLA TRINITÀ DE' PELLEGRINI
près le Ponte-Sisto.

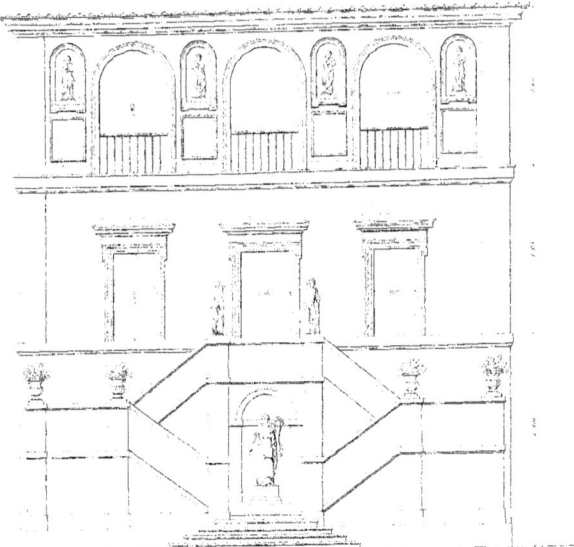

Élévation d'une Maison près de S. Giovanni in Laterano

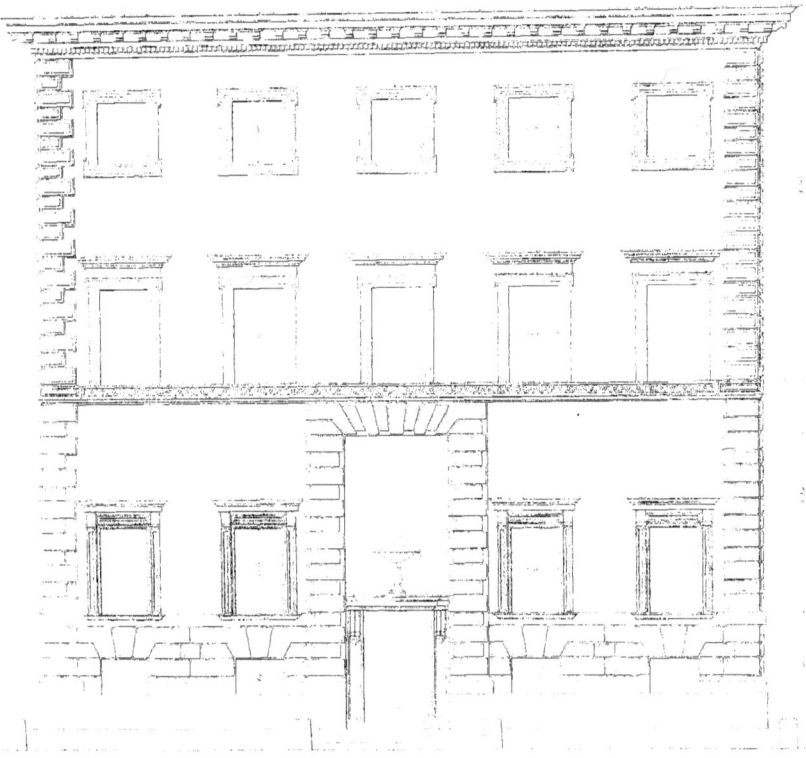

Élévation d'un Palais, Porto di Ripetta

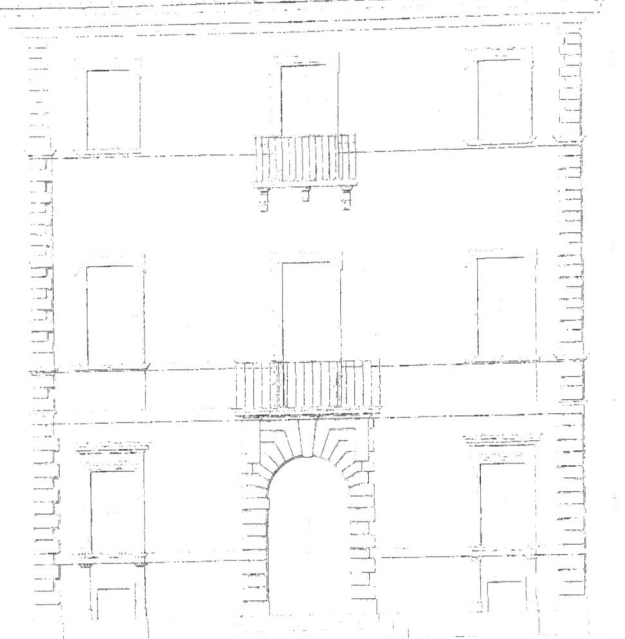

Élévation.

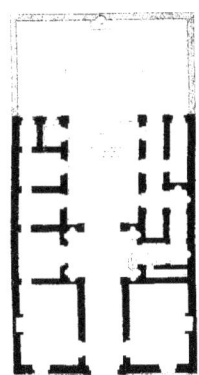

Plan.

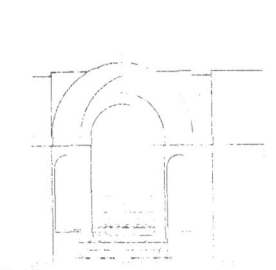

Coupe du Vestibule.

MAISON VIA GREGORIANA.

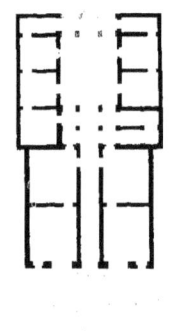

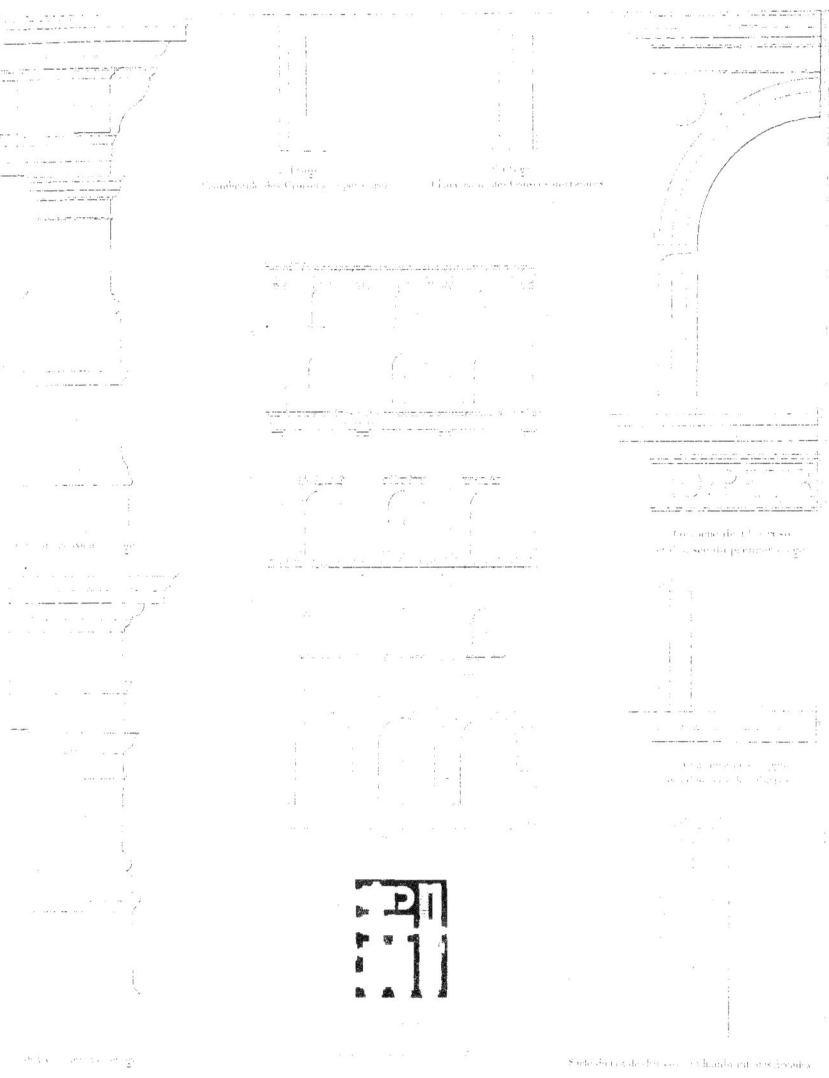

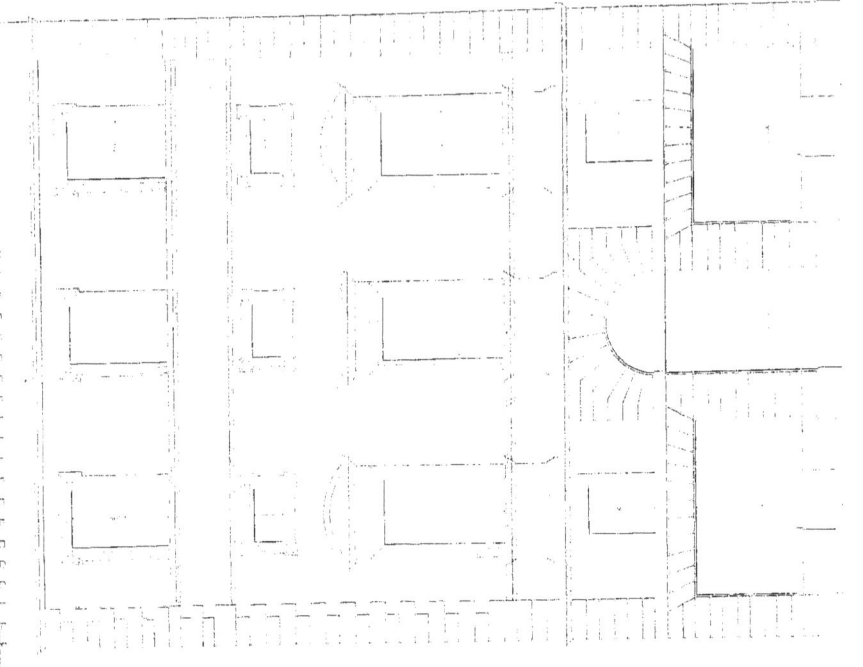

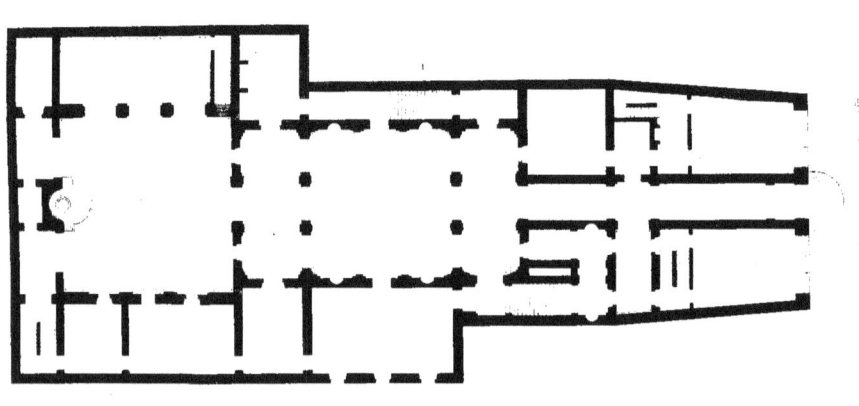

PLAN ET ELEVATION DU PALAIS NICCOLINI VIA DE BANCHI

PLAN DU PALAIS SASSANIDE DE RAVAGH

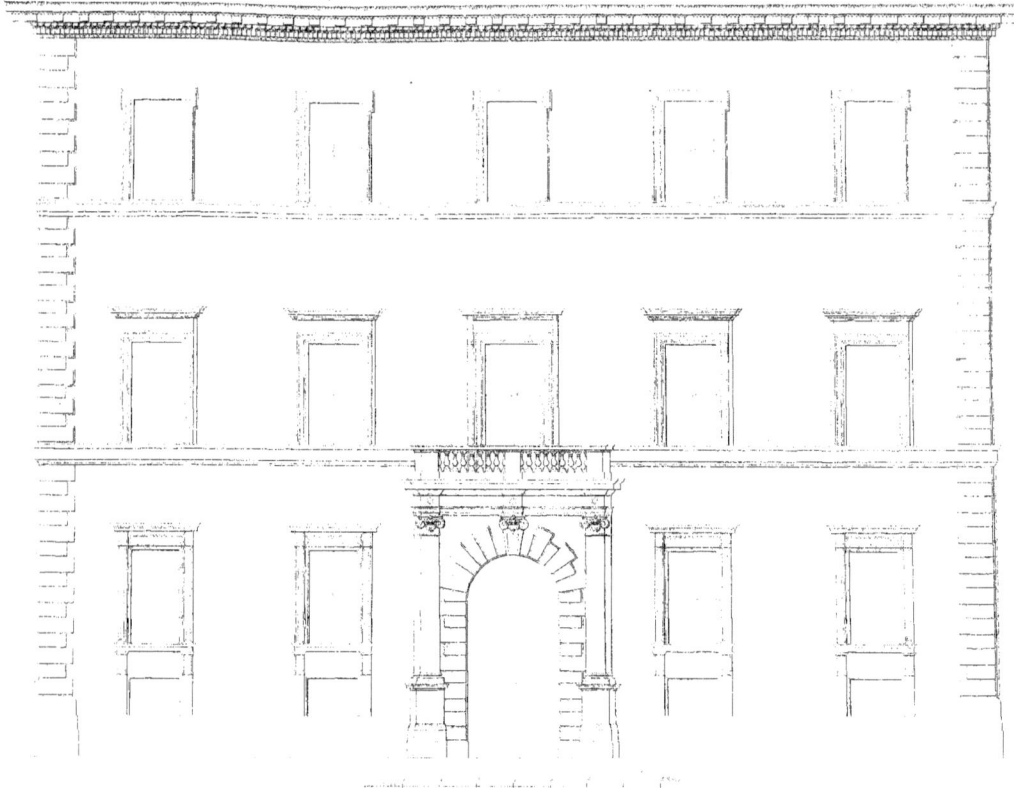

ÉLÉVATION DU PALAIS AEROSPATA DEL CORSO

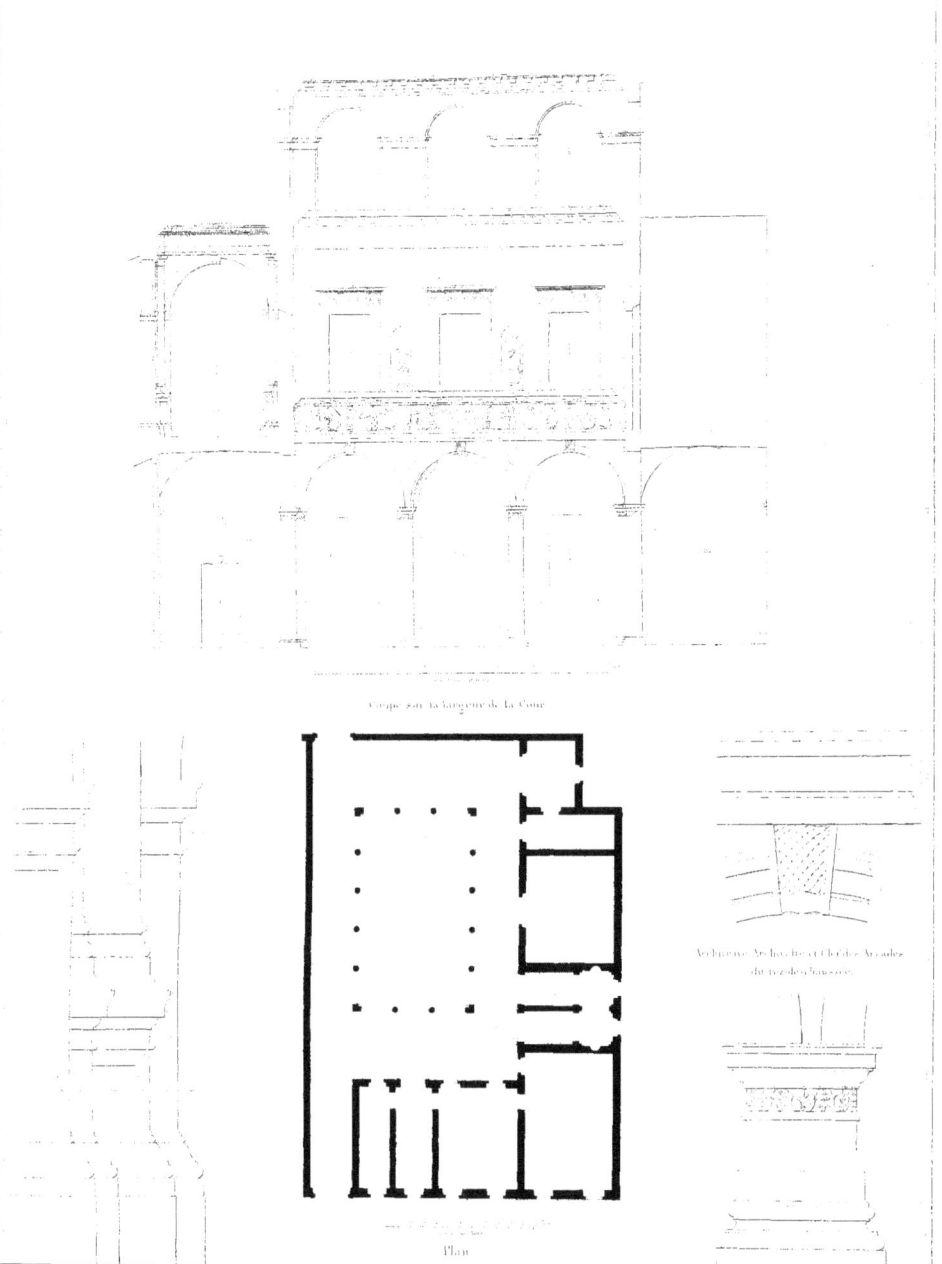

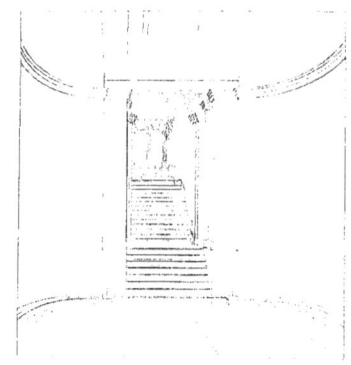

Vue du Vestibule du Palais ci-dessous

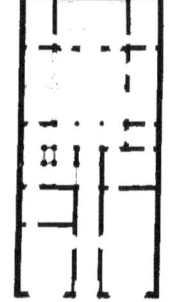

Plan d'une Maison Via delle Quatro Fonta...

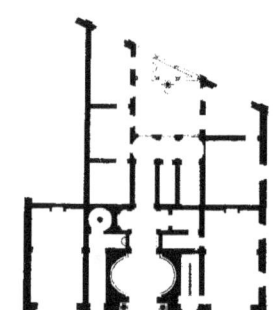

Plan d'un petit Palais Piazza di Campo Marzo

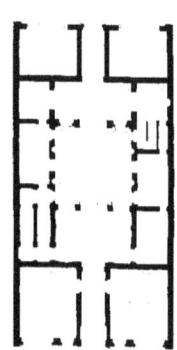

Plan d'une Maison Piazza Madama

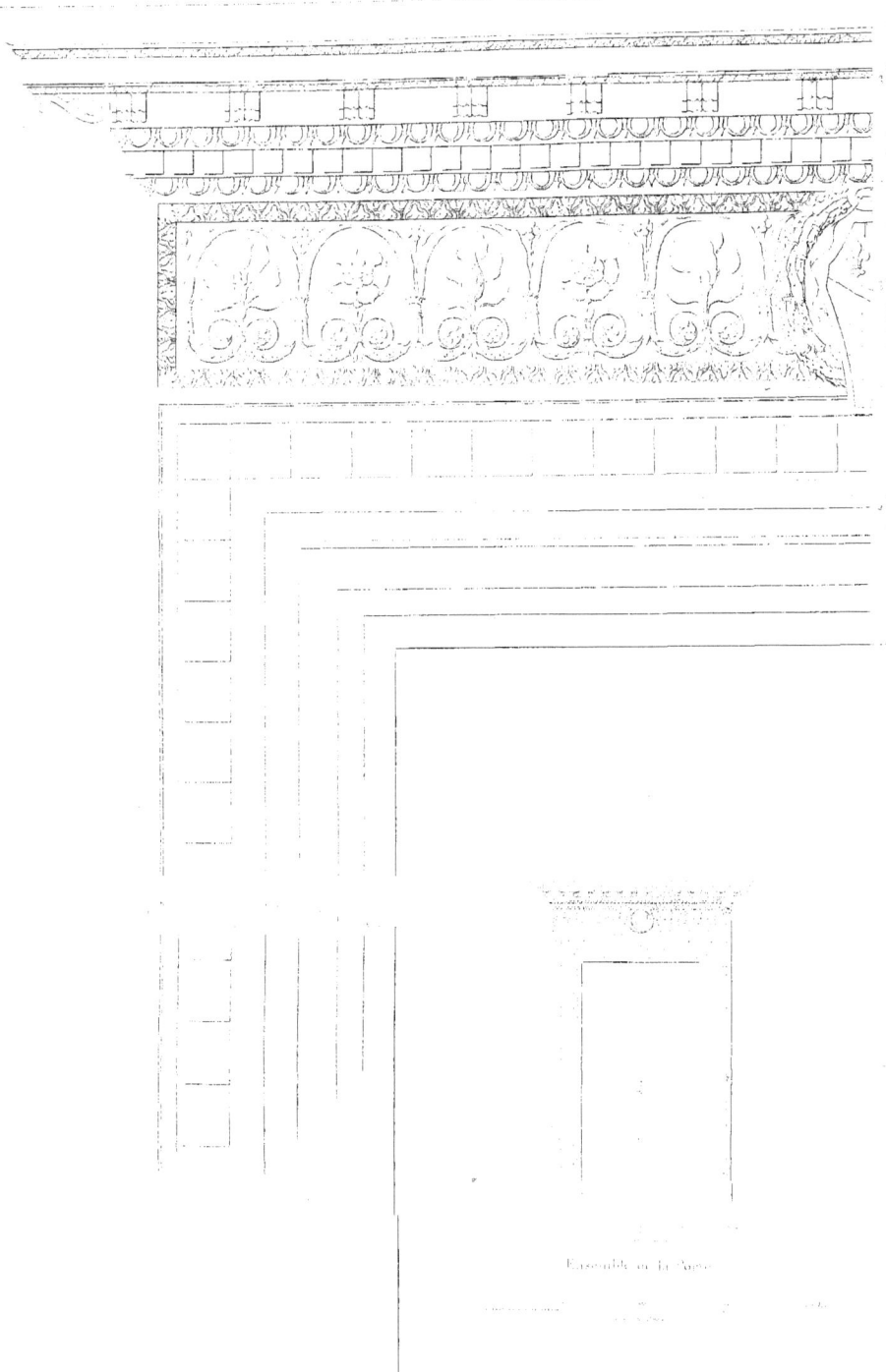

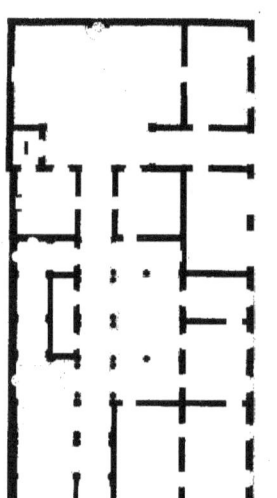
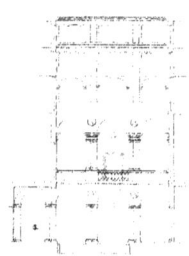
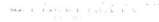
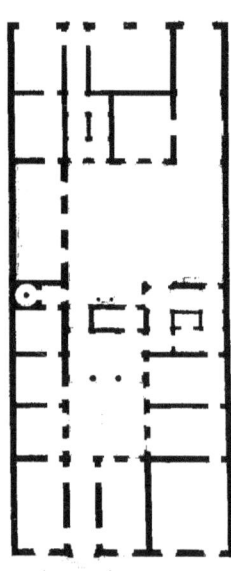

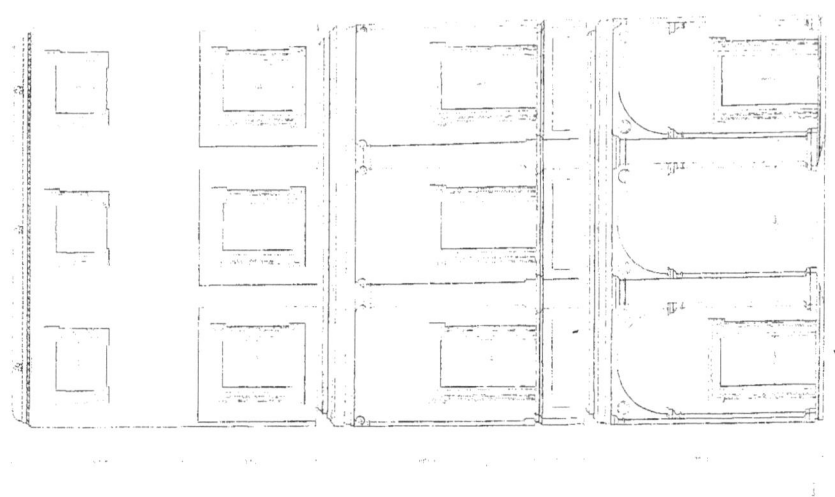

Coupe sur la largeur de la Cour

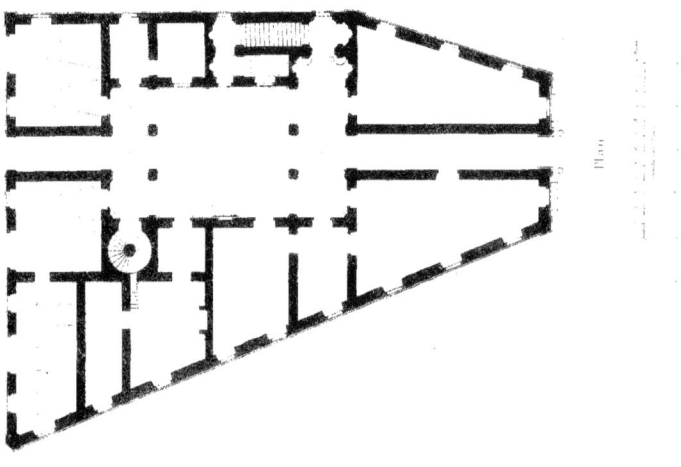

Plan

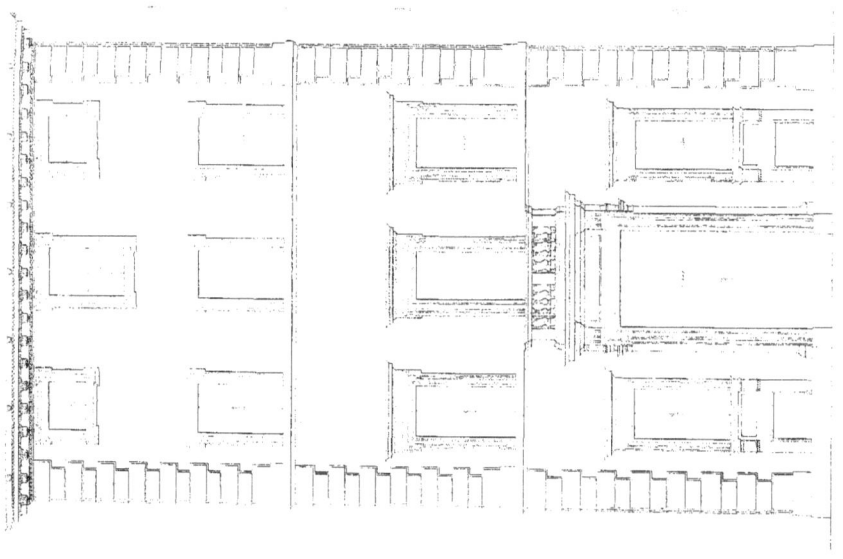

Élévation

PALAIS PATIZZI SITUÉ PRÈS DE L'ÉGLISE S. CATERINA DE' FUNARI

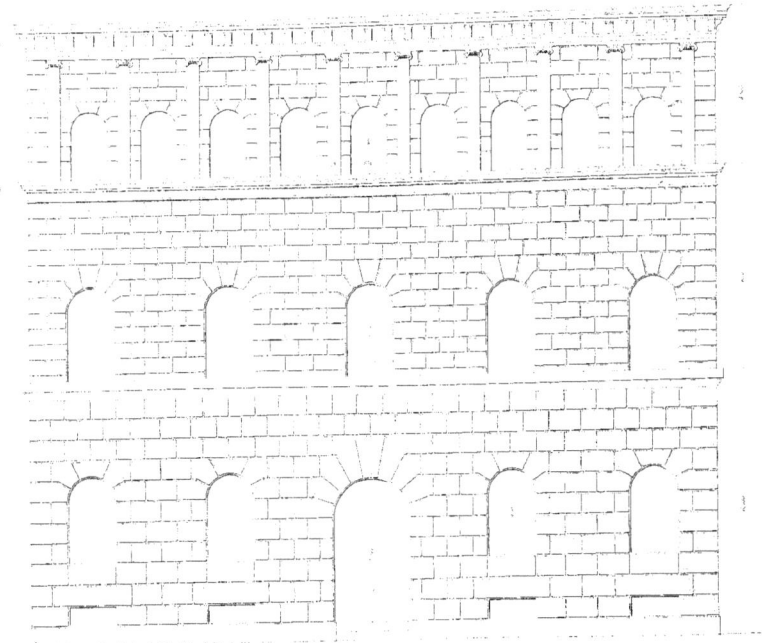

ÉLÉVATION D'UN PALAIS PRÈS LA PIAZZA DELLA PACE.

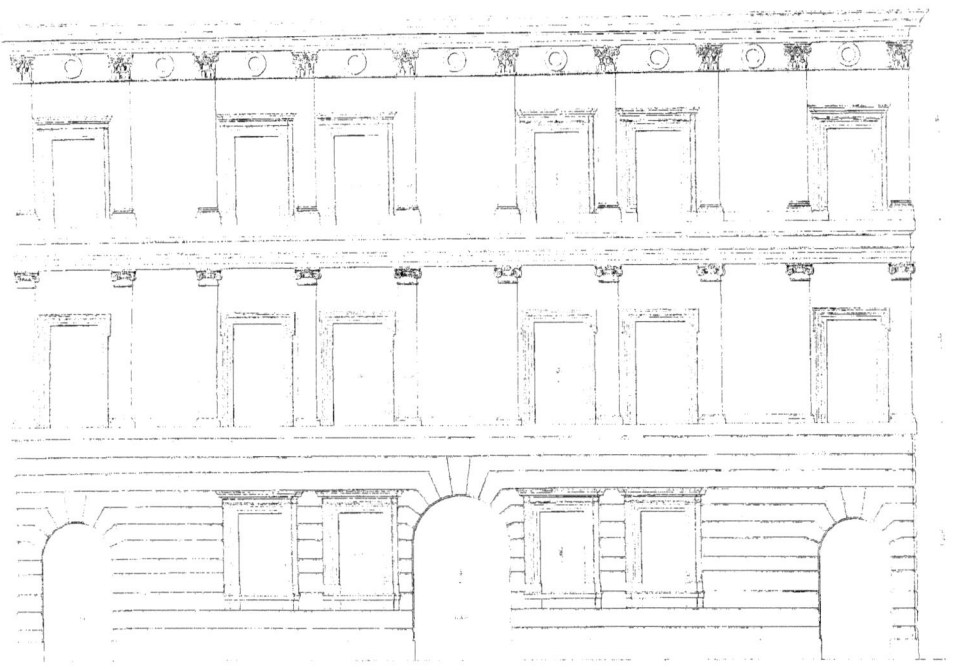

ÉLÉVATION D'UN PALAIS PIAZZA DELLA PACE.

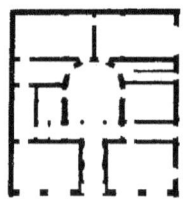

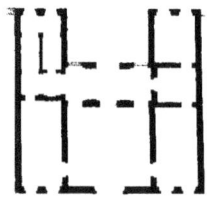

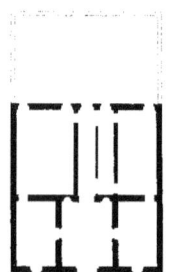

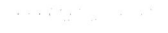

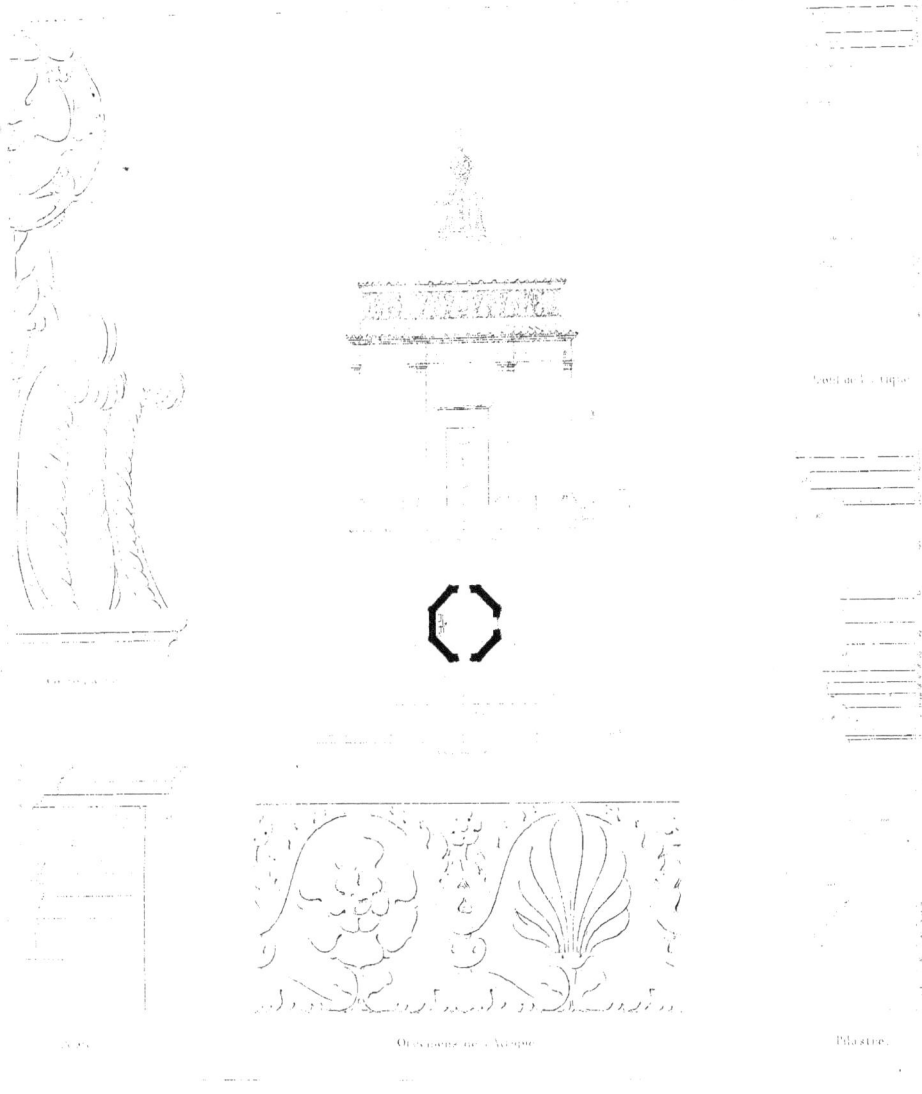

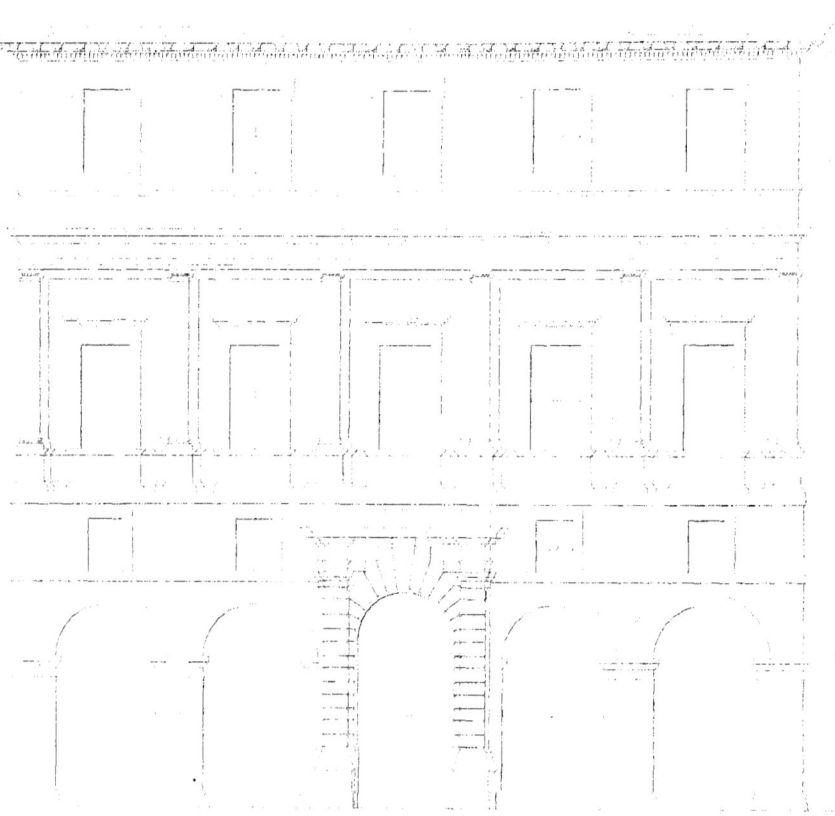

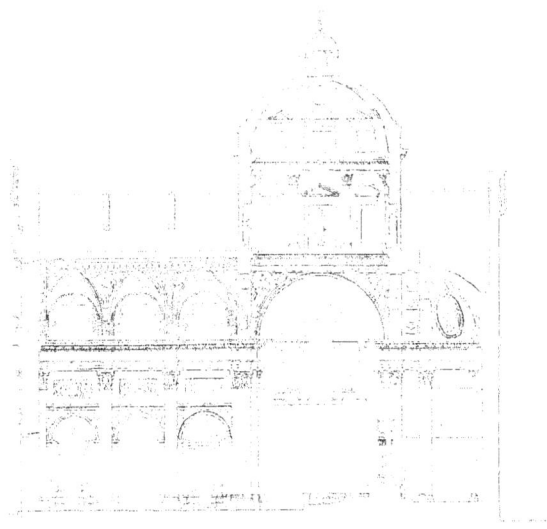
Coupe sur la longueur de l'Église.

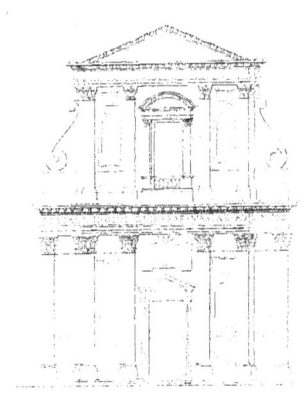
Élévation.

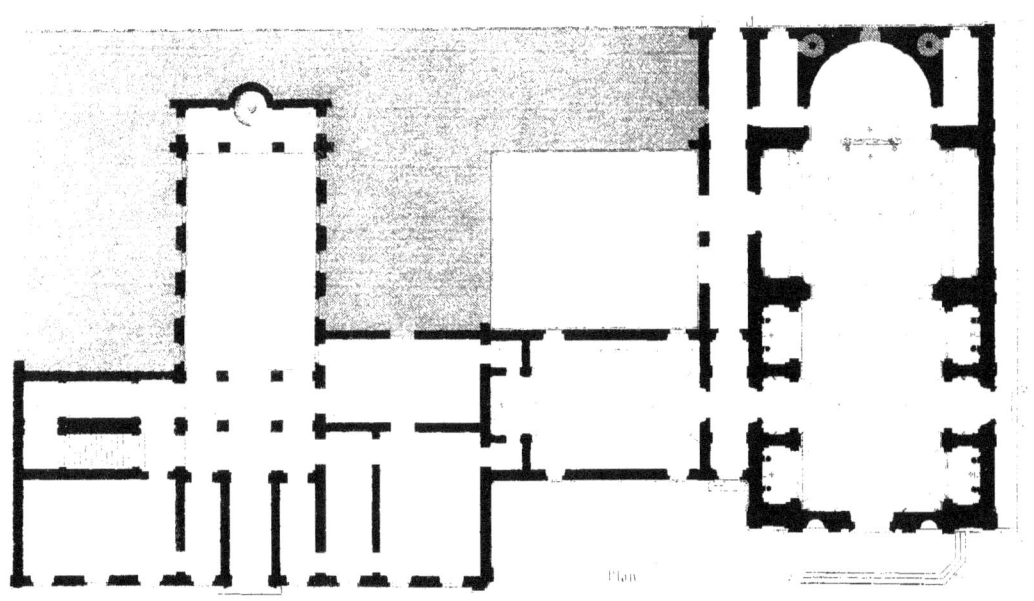
Plan.

ÉGLISE S.M. DI MONTE ET COLLÈGE DE NÉOPHIT

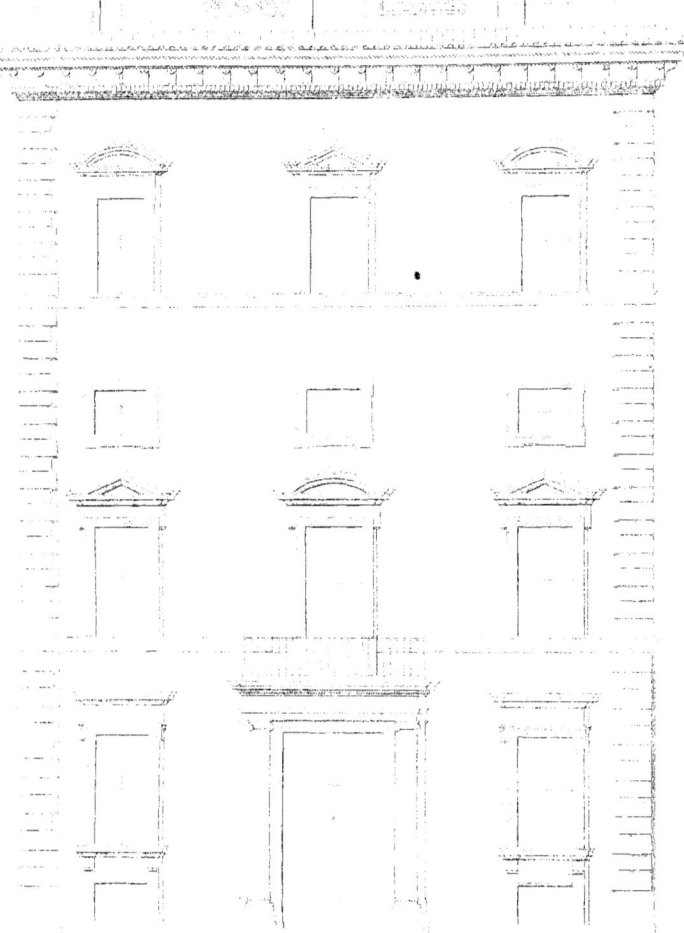

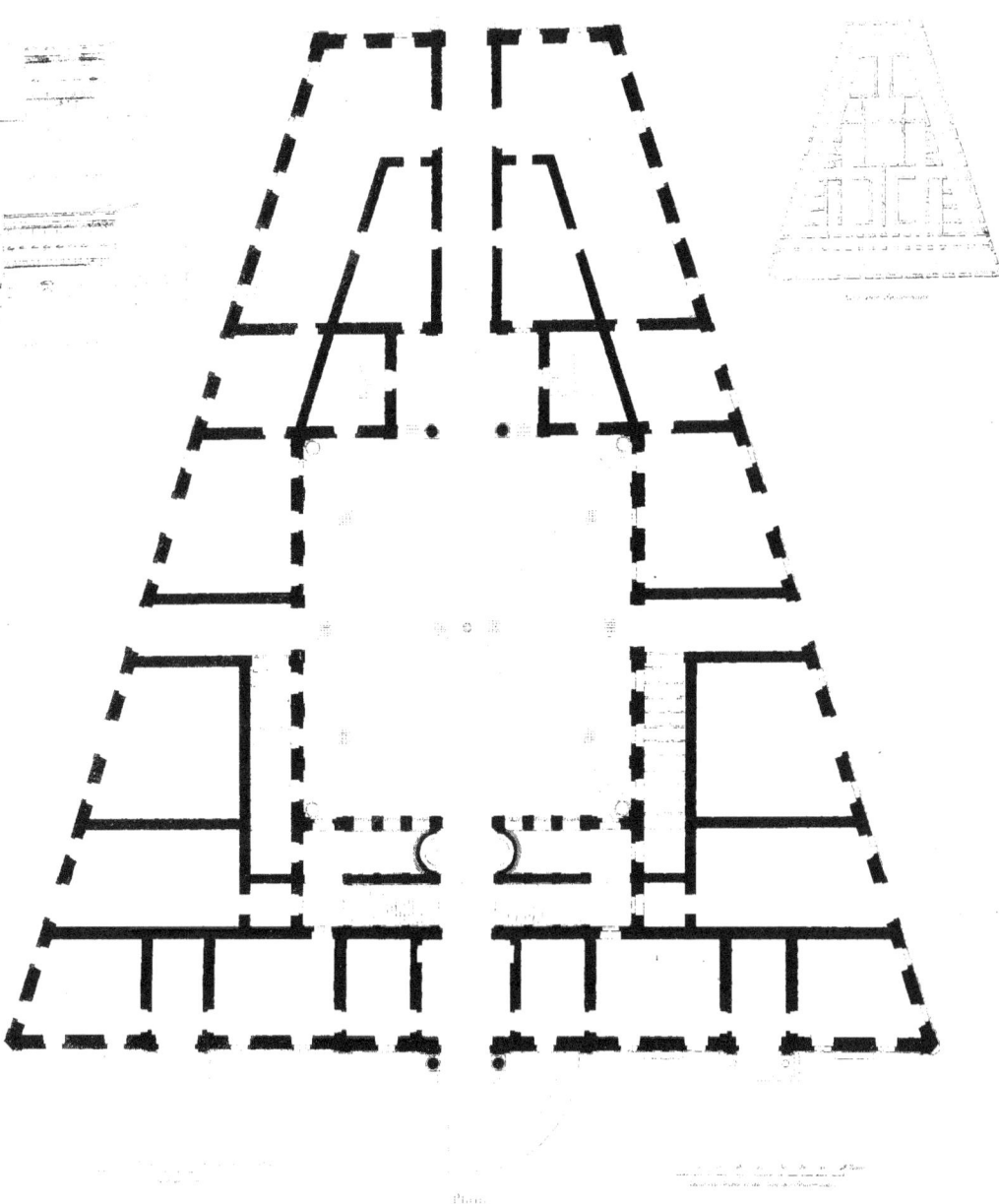

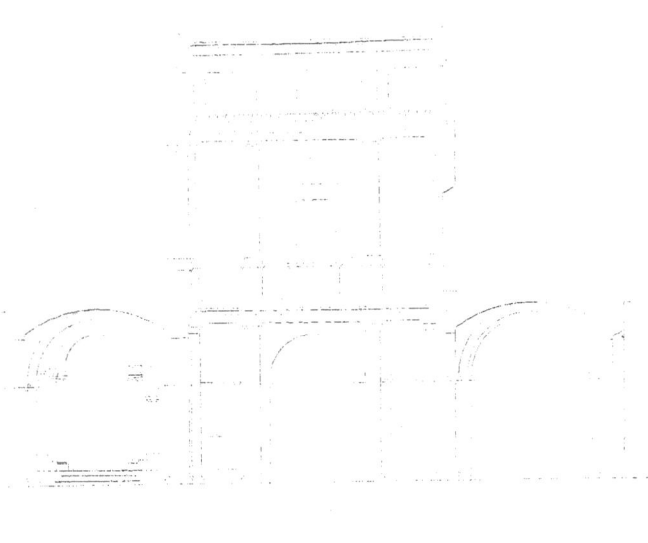

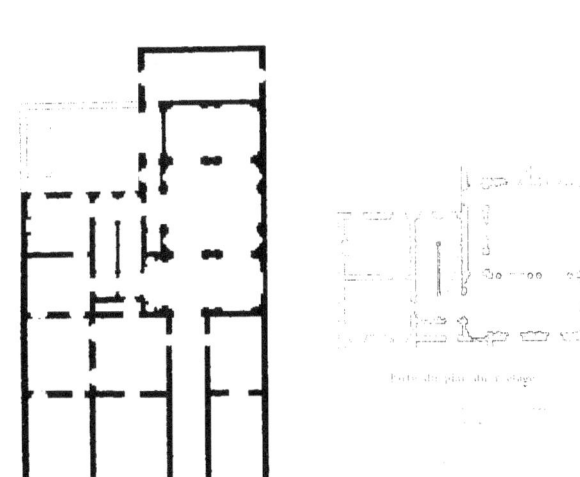

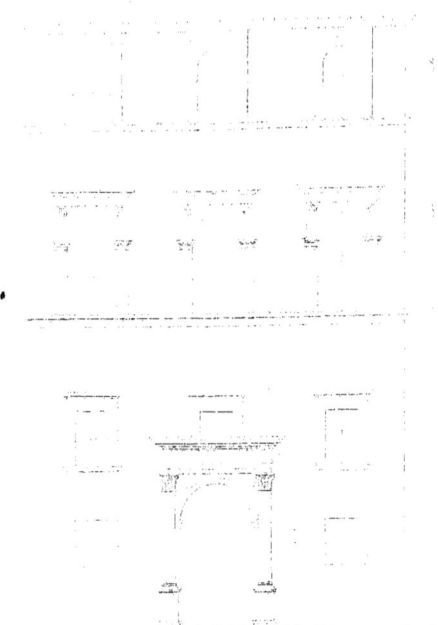

MAISONS DE CAMBRAI A L'ÉPOQUE DE LA RENAISSANCE.

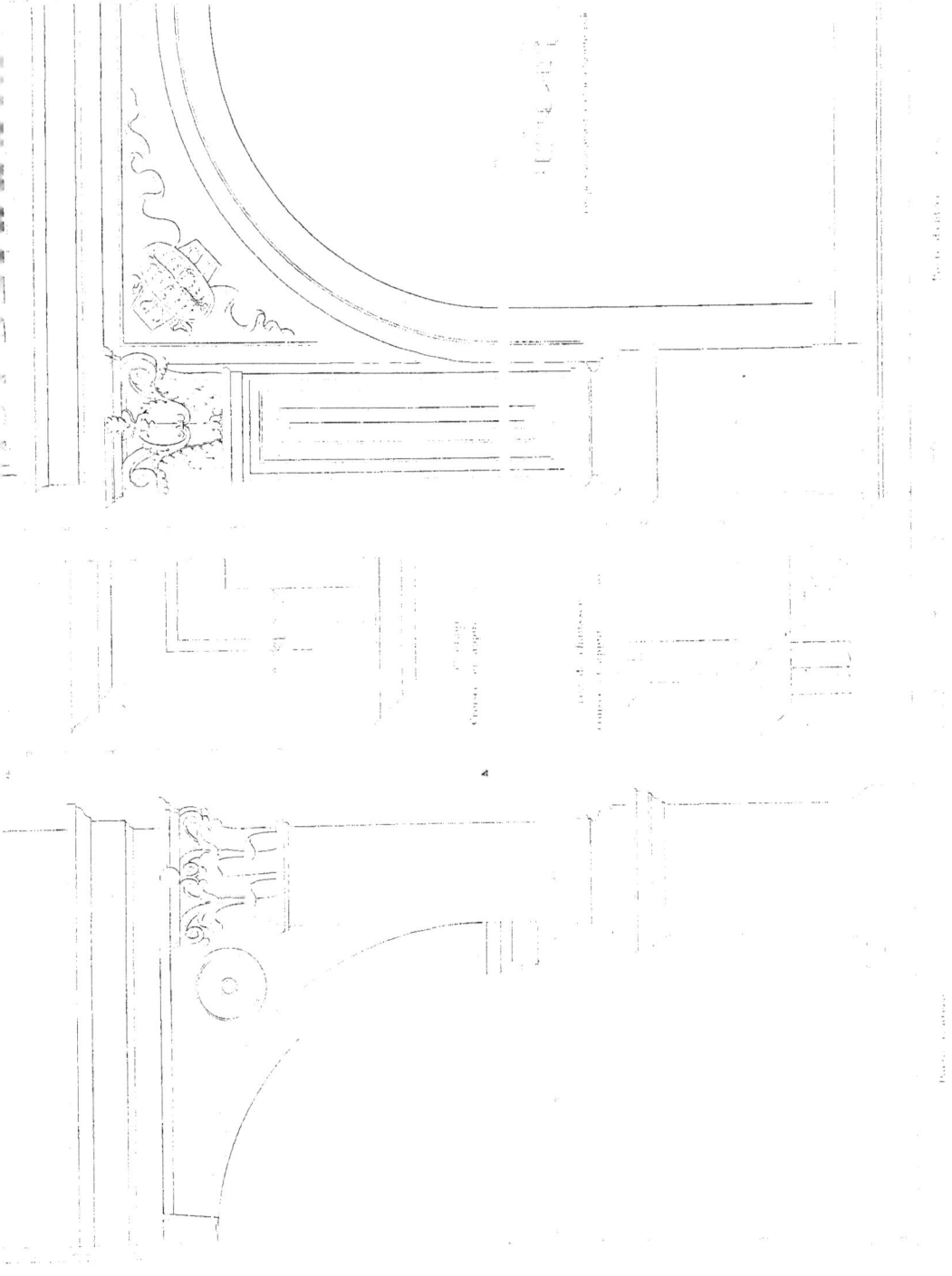

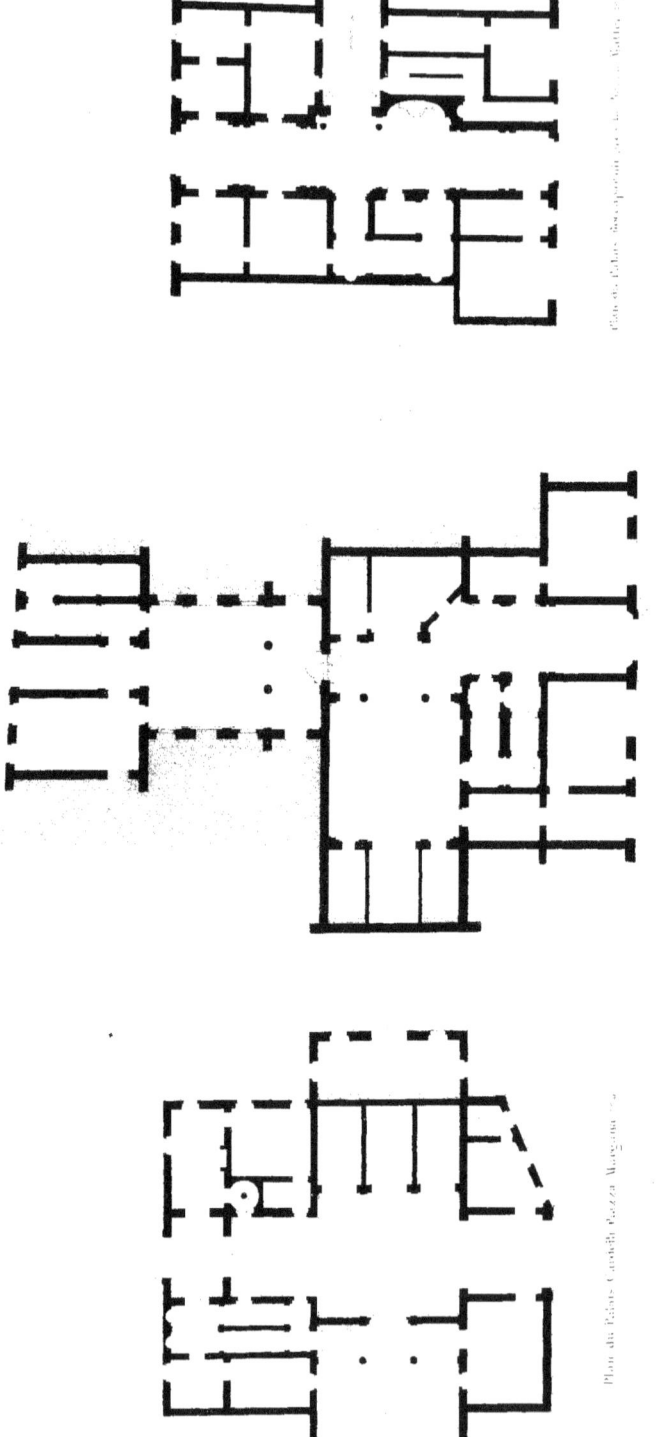

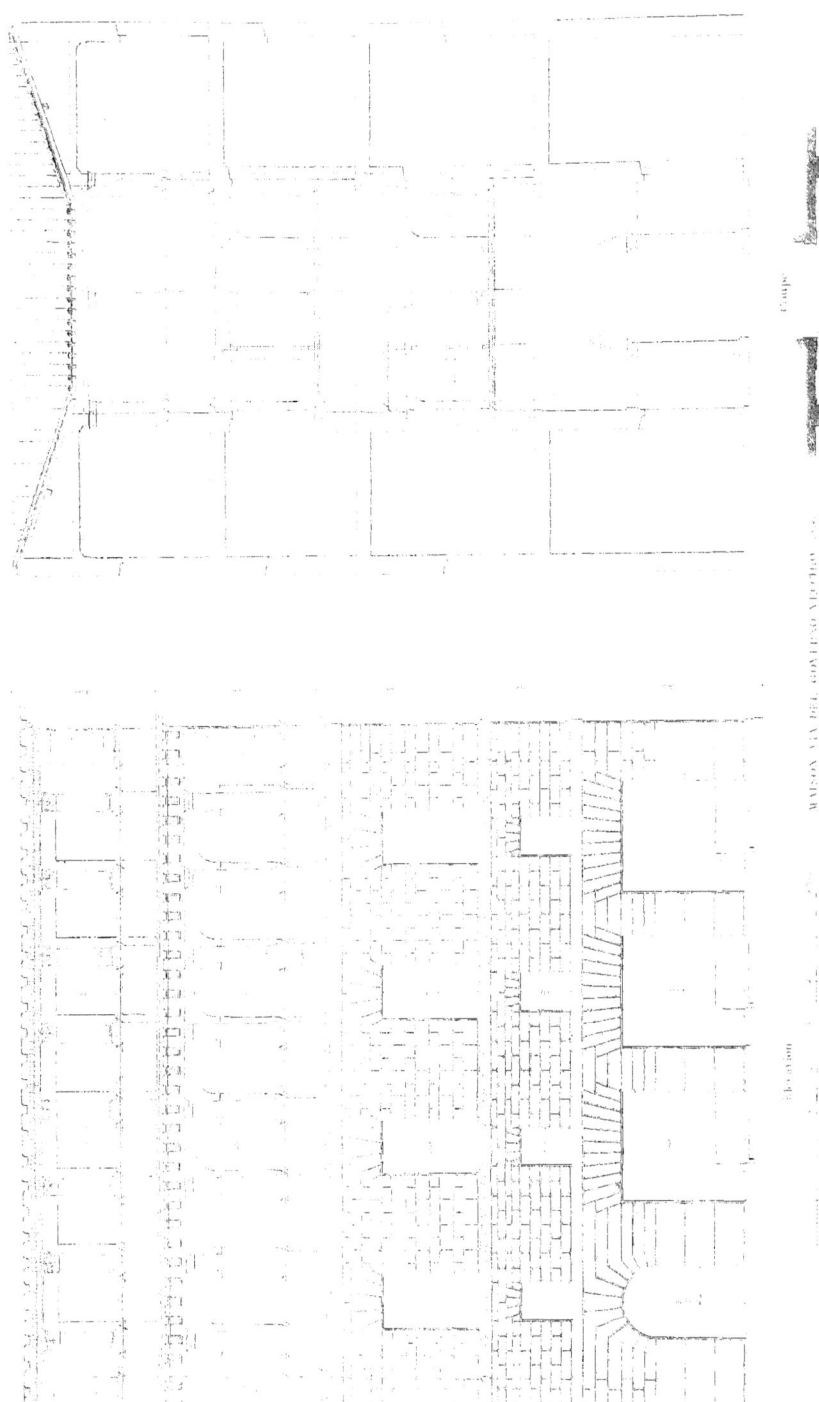

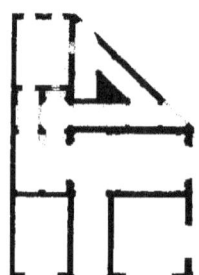

Plan d'une Maison située près l'Église
S.t P. in Montorelli

Vue de la Cour du Palais Massimi

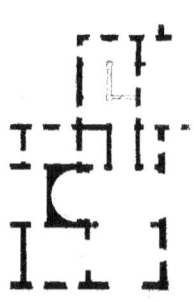

Partie du Plan du Palais Medicis
Palazzo di Pietro Capodife..

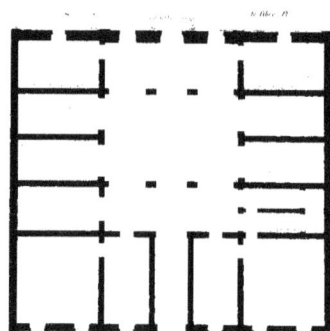

Plan du Palais de Bonaires Vue di Monte Brianzo

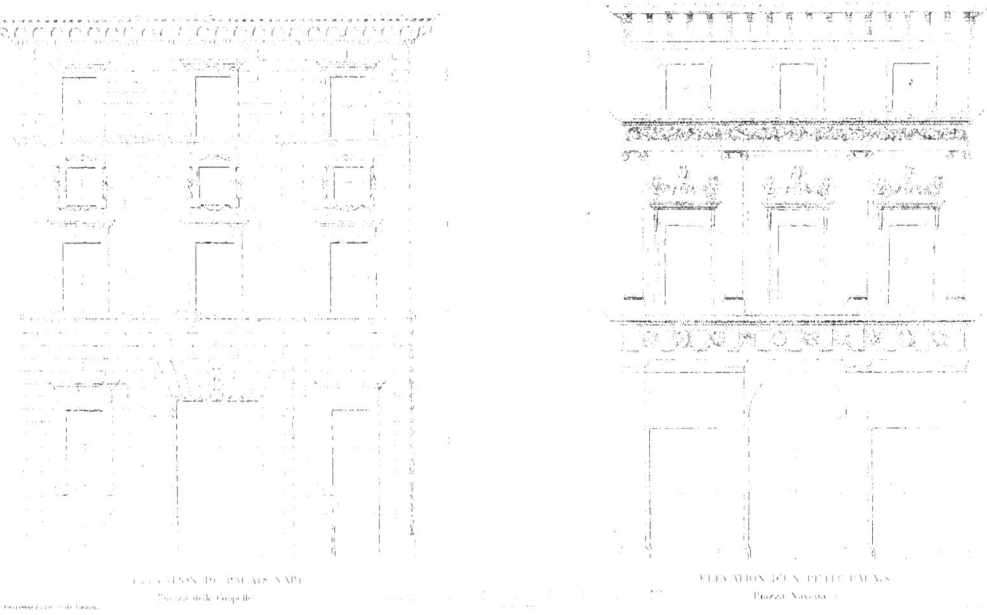

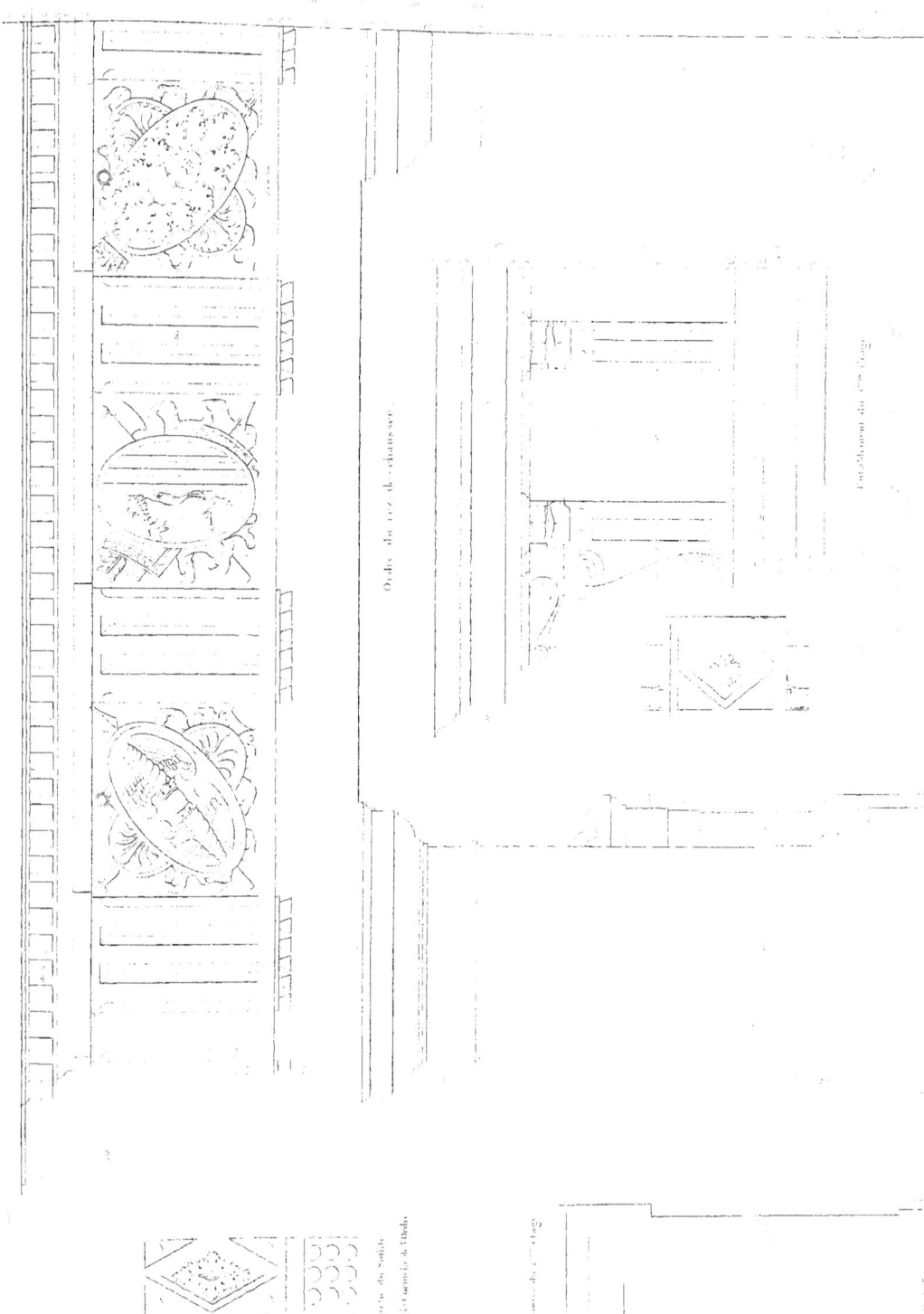

DÉTAILS DE L'ORDRE ET DES CROISÉES DU PREMIER ÉTAGE D'UN PETIT PALAIS PIAZZA NAVONA

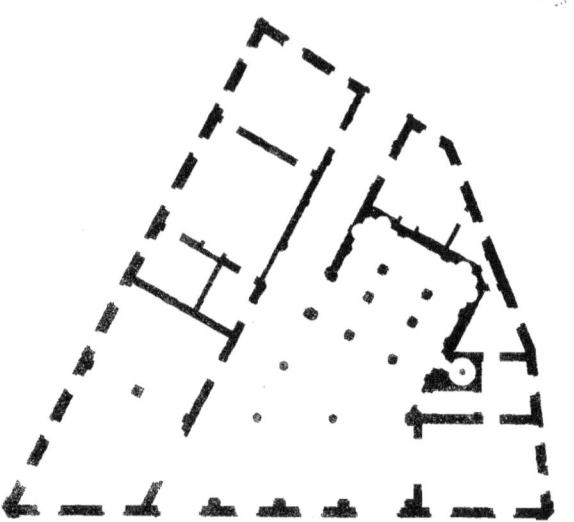

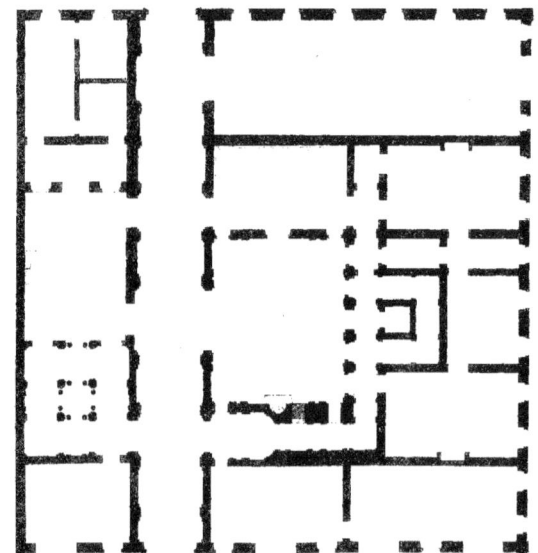

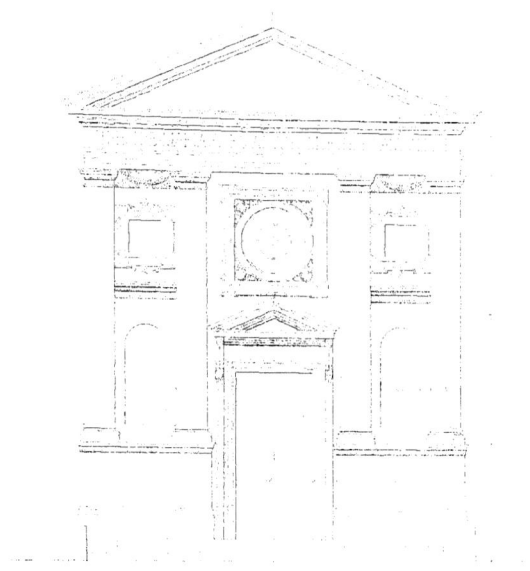

ÉLÉVATION DE L'ÉGLISE S. OMOBONO SITUÉ PRÈS DU MONT CAPITOLINO

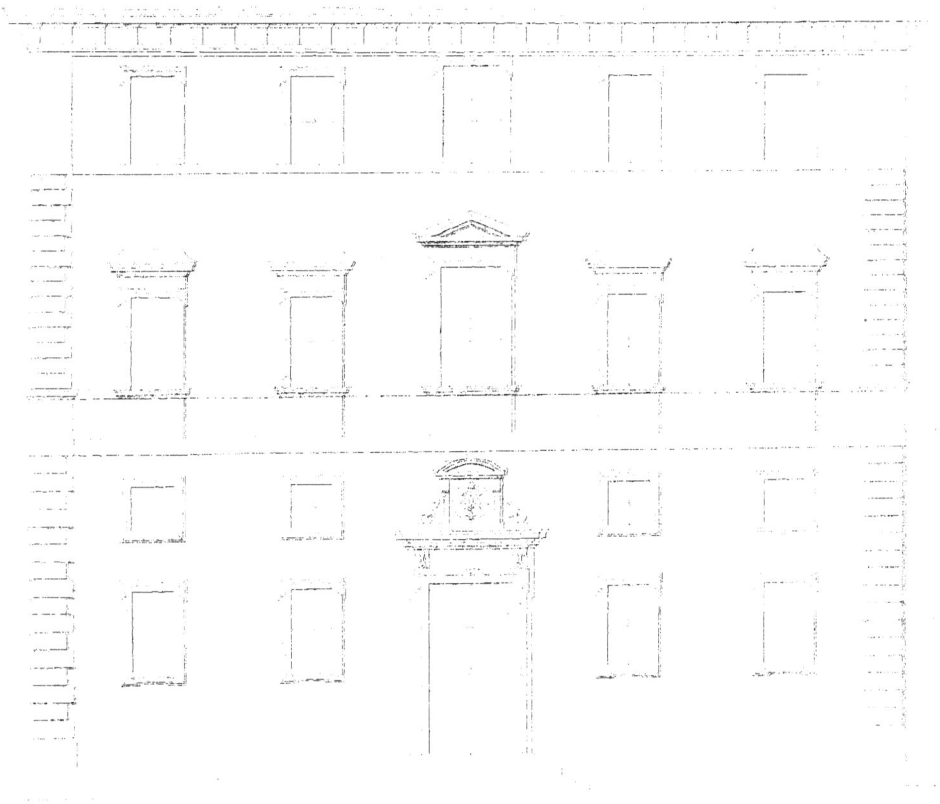

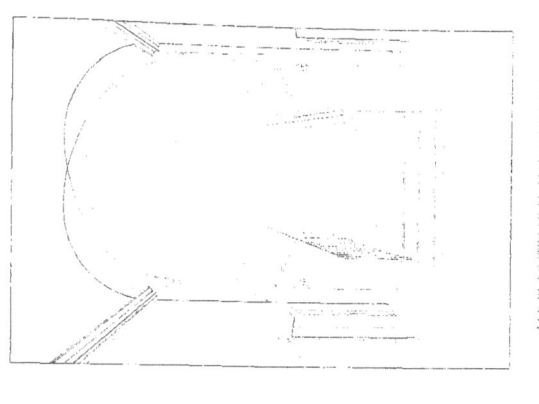
Vue du Vestibule de l'Évang. Vespes

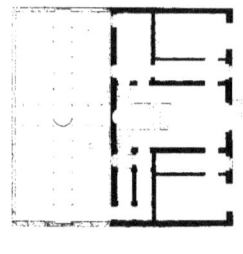
Plan du Palais Intérieur ou Vue de Porte Piquienne

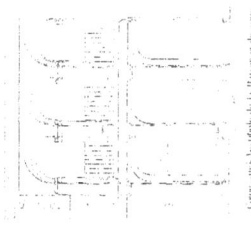
Coupe sur le Vestibule de la Maison de coup

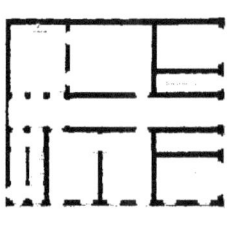
Plan d'une Maison Antique Pompéi

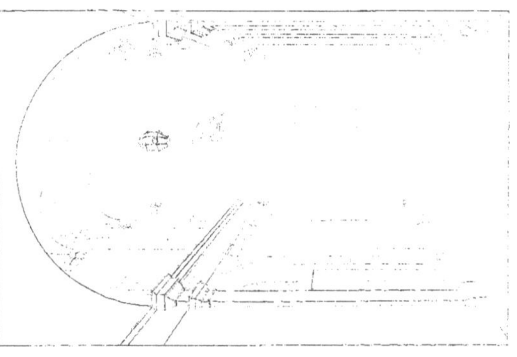
Vue du Vestibule de l'Évang. Vespes

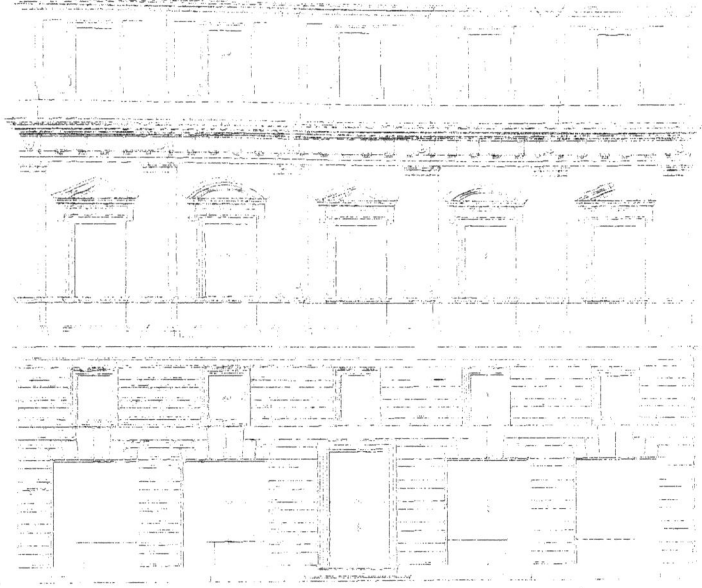
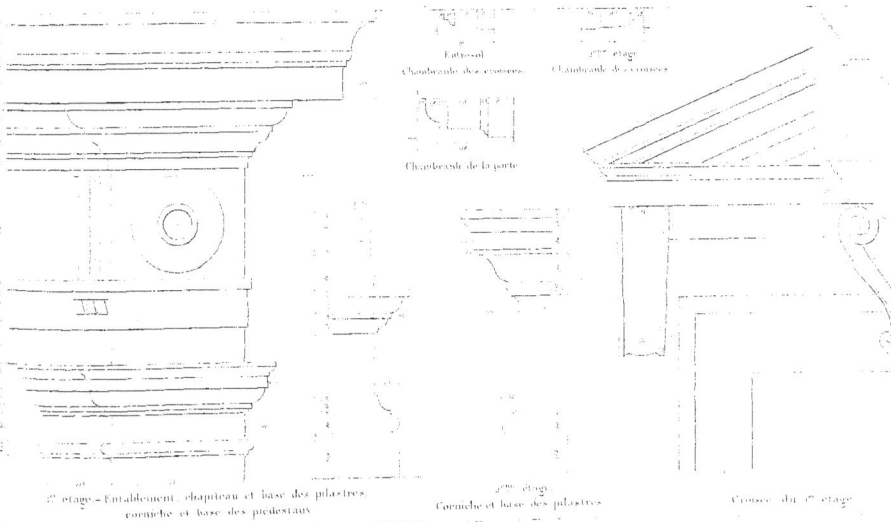

ÉLÉVATION ET DÉTAILS DU PALAIS COSTANZA DI BORGO NOVO

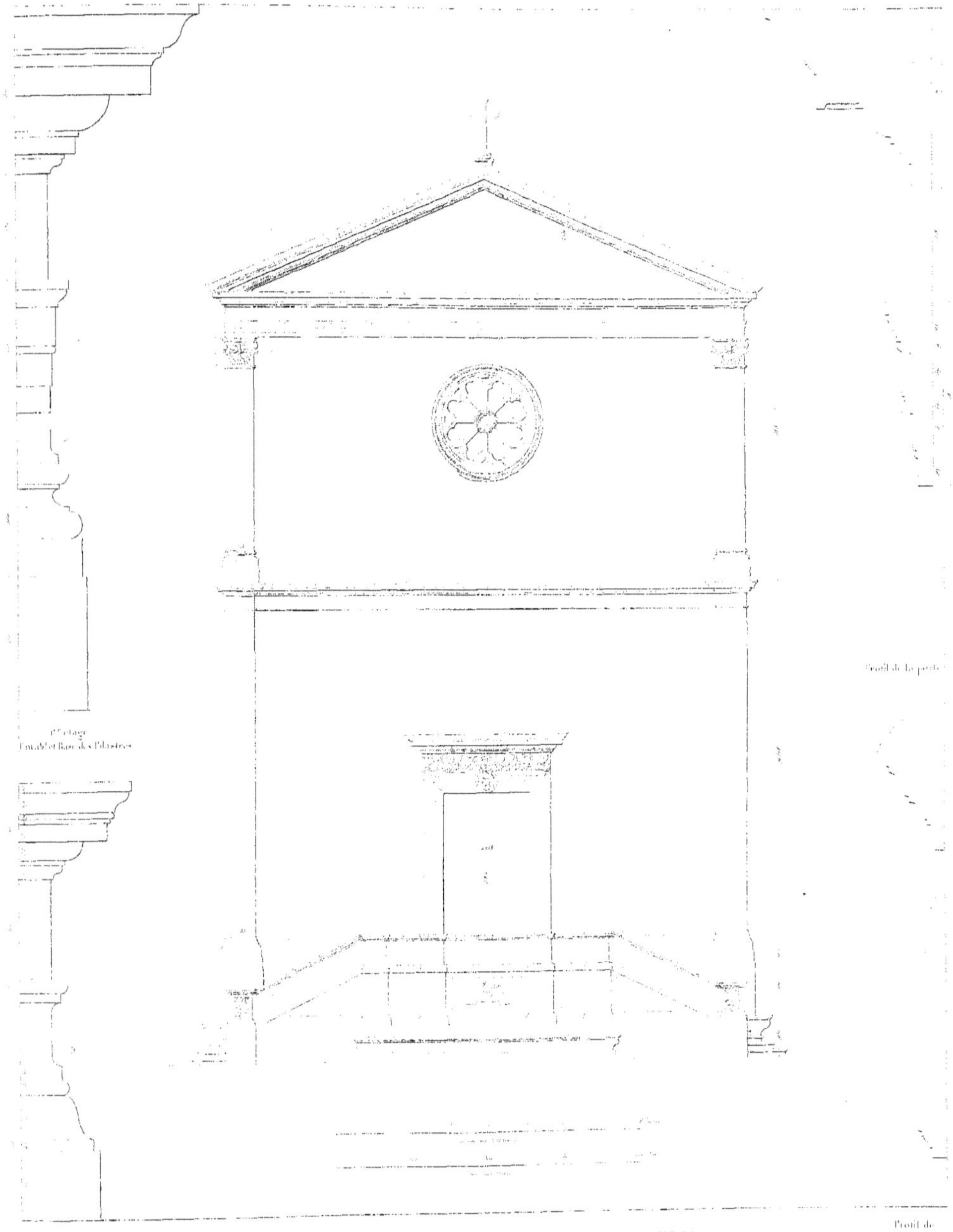

ÉLÉVATION ET DÉTAILS DE L'ÉGLISE S. PIETRO IN MONTORIO

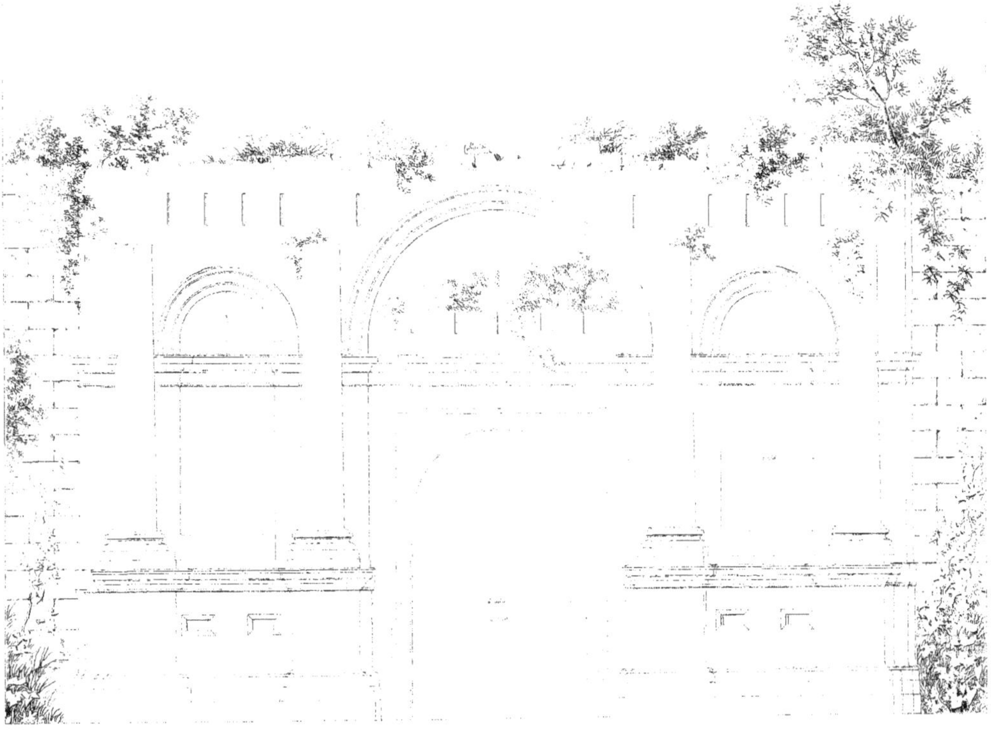

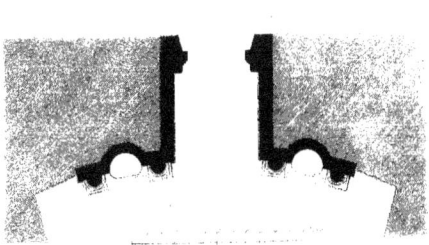

Élévation de la partie construite

Plan

PORTE S. SPIRITO VIA DELLA LONGARA

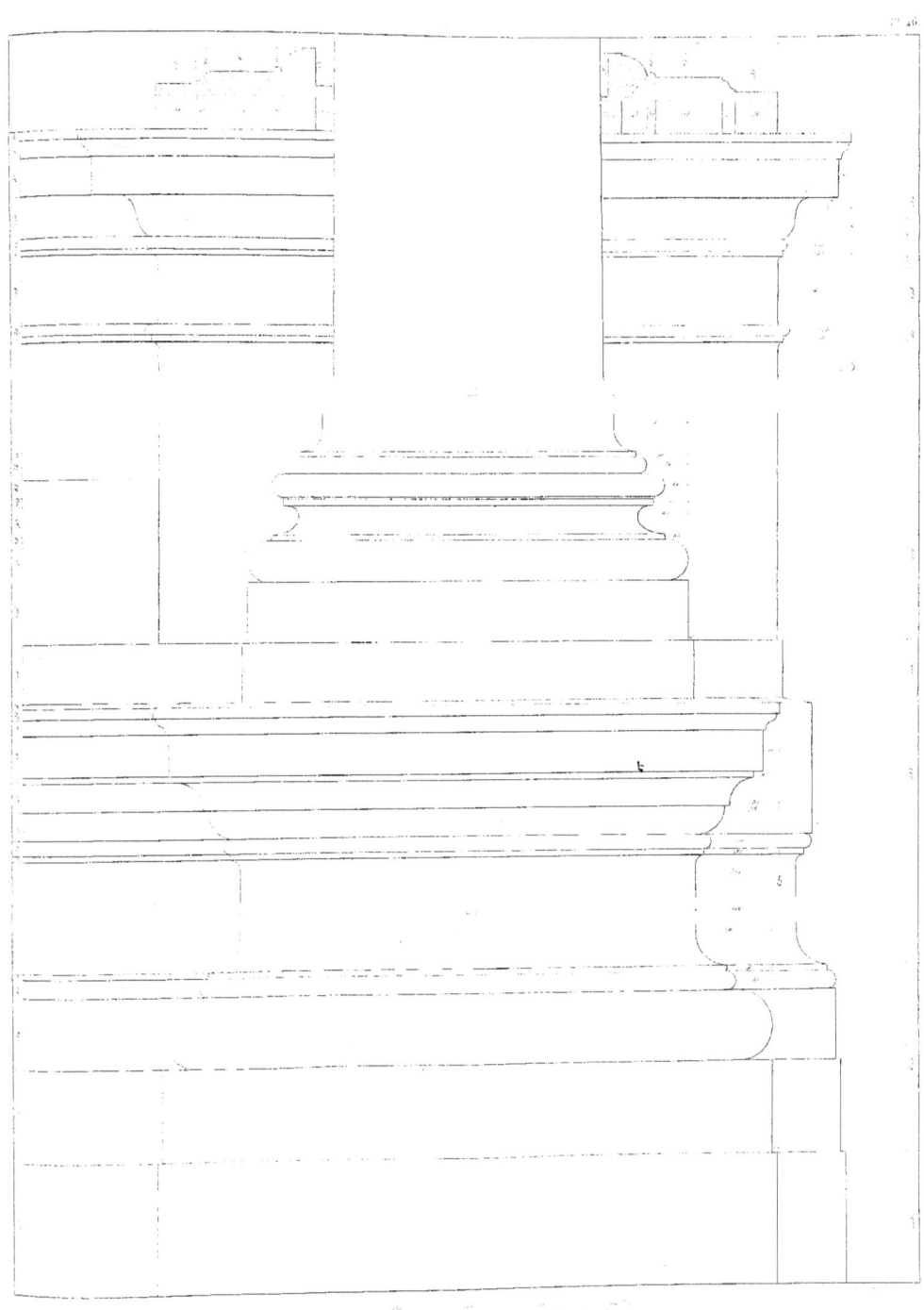

DÉTAILS DE LA PORTE S. SPIRITO VIA DELLA LONGARA

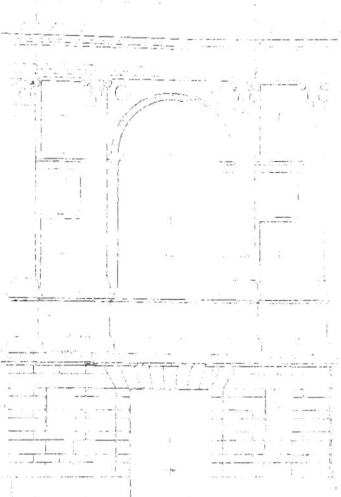

ELEVATION DE LA BANDUCA IN DEL BANCO DI S. SPIRITO

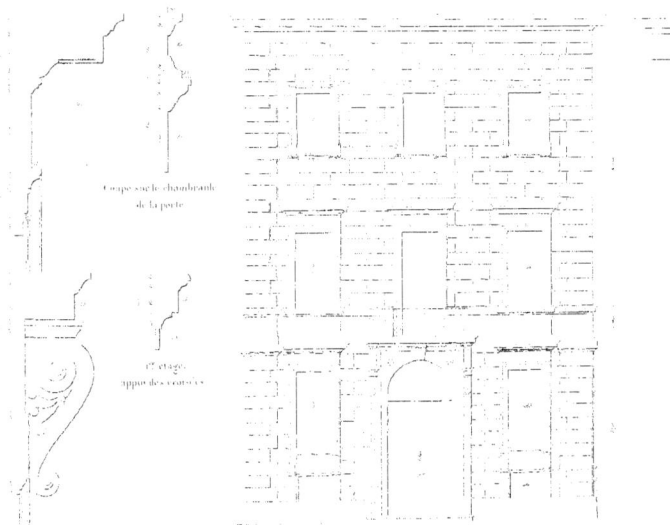

ELEVATION ET DETAILS D'UNE MAISON PIAZZA S. SALVATORE IN LAURO

Vue du Vestibule du Palais ci-dessous.

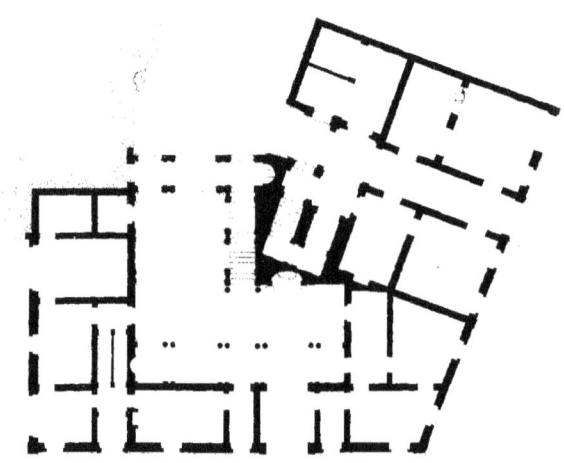

Plan du Palais Mascarani à Margine.

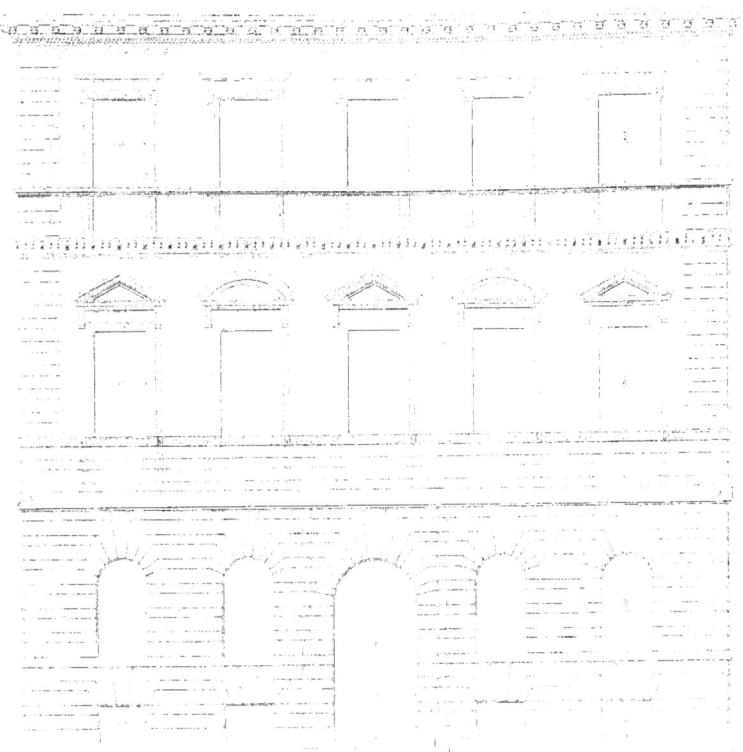

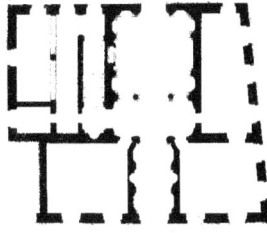

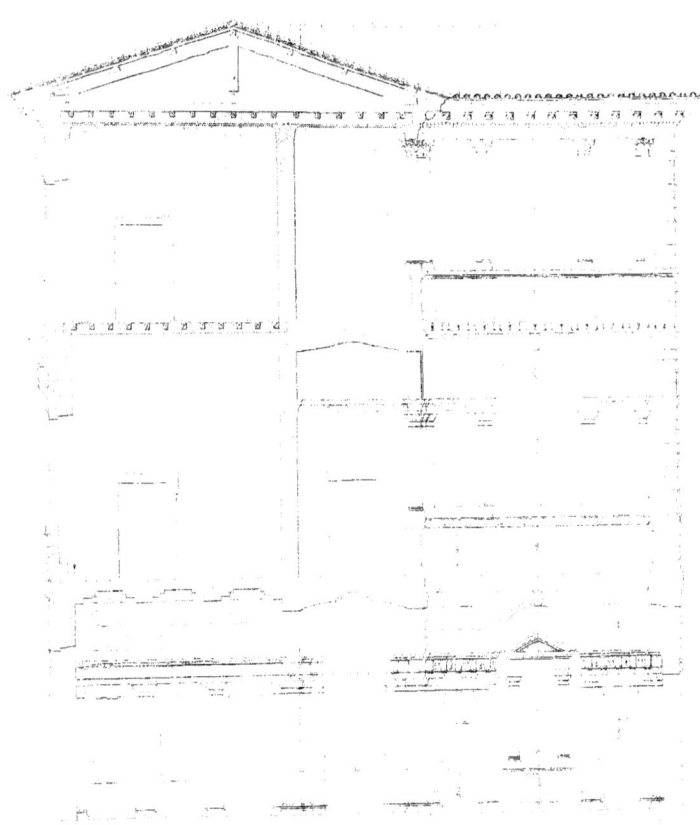

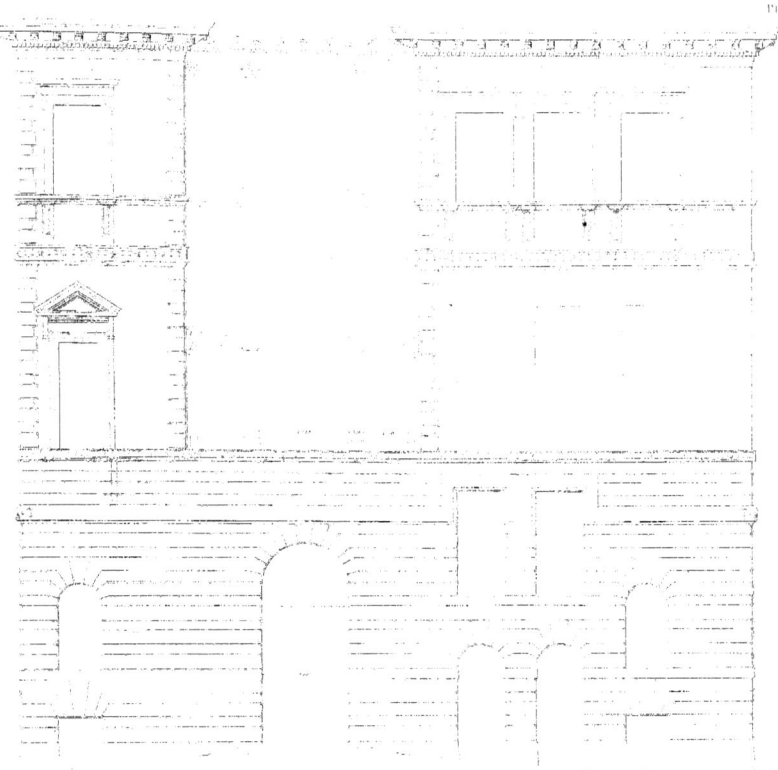

Élévation postérieure

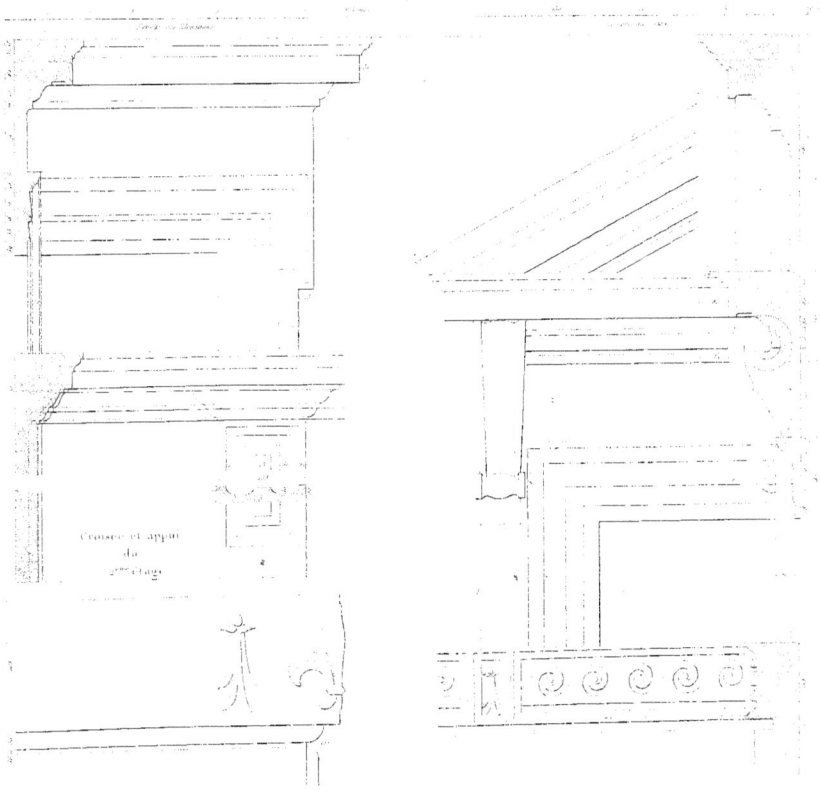

Bandeau au dessus du rez-de-chaussée.   Croisée du premier étage.

PALAIS LINOTTE VICOLO BELLAQUILA

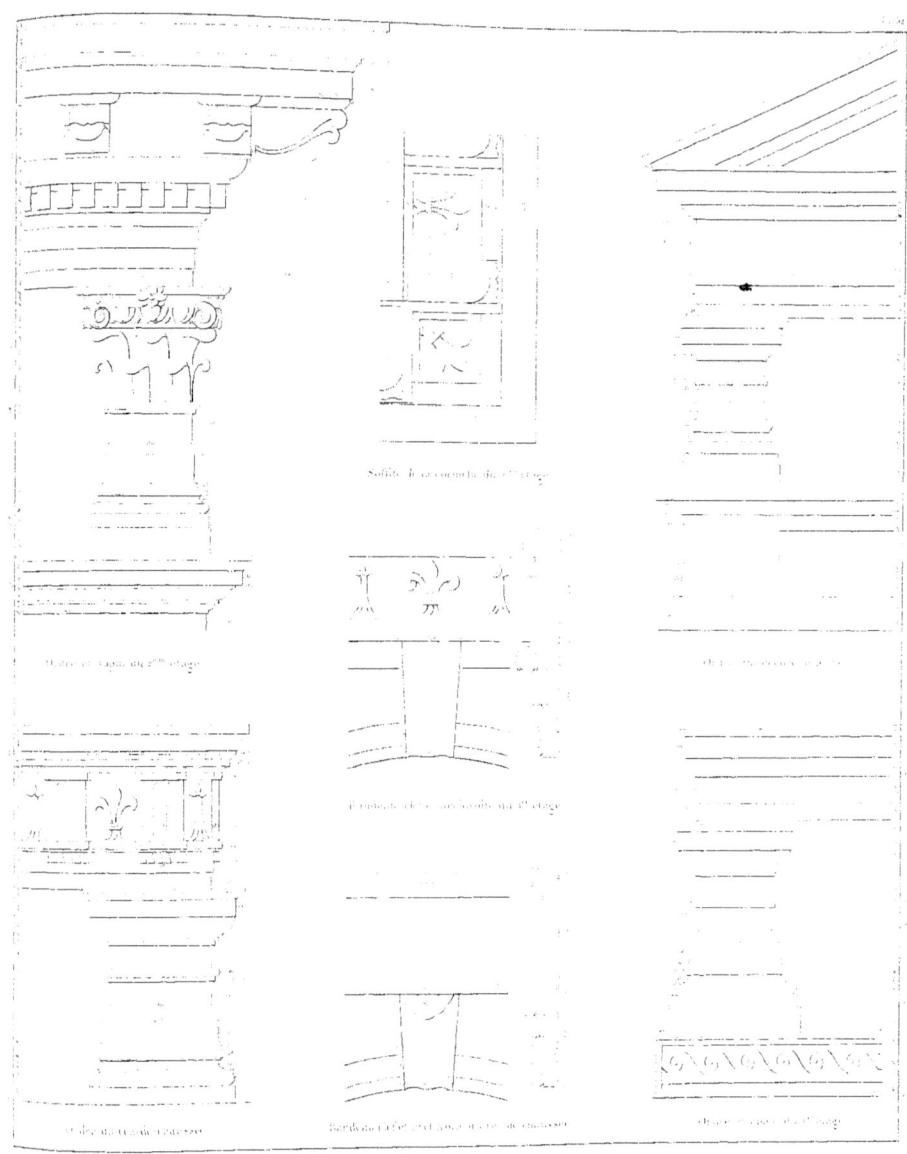

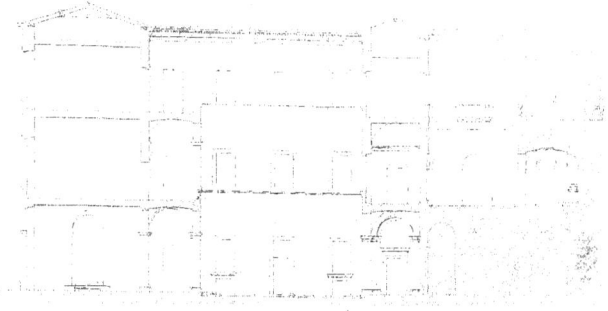
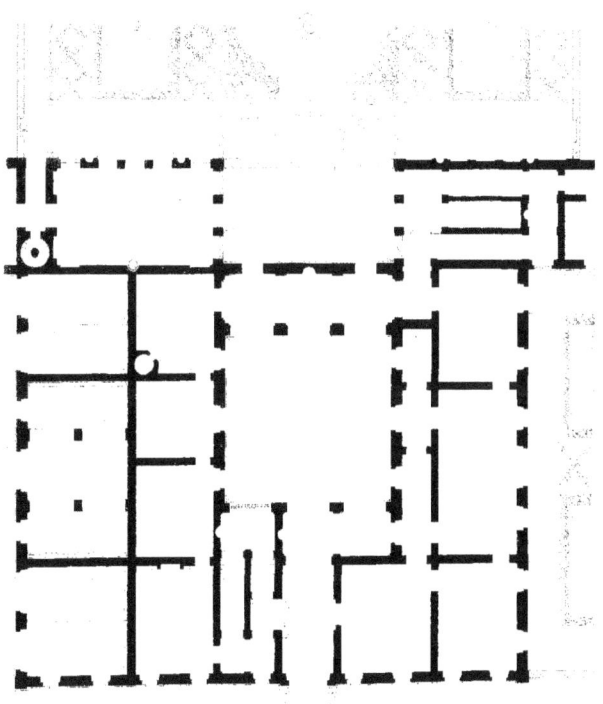

PLAN ET COUPE DU PALAIS MIGNANELLI
Piazza Mignanelli

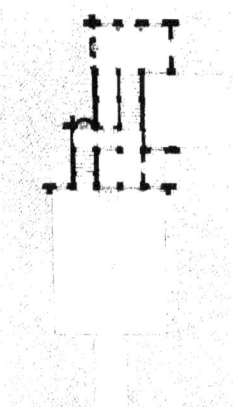

Plan du Palais Nerv près l'Église S. Marco

VUE DE LA COUR DU PALAIS FARNÉSIENNE
Vista della cappella di Raphael

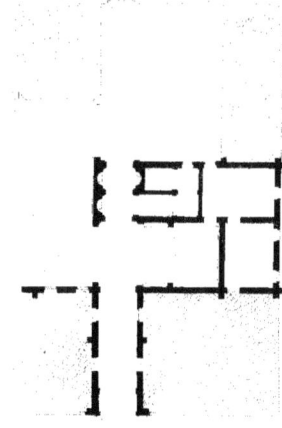

Plan du Palais

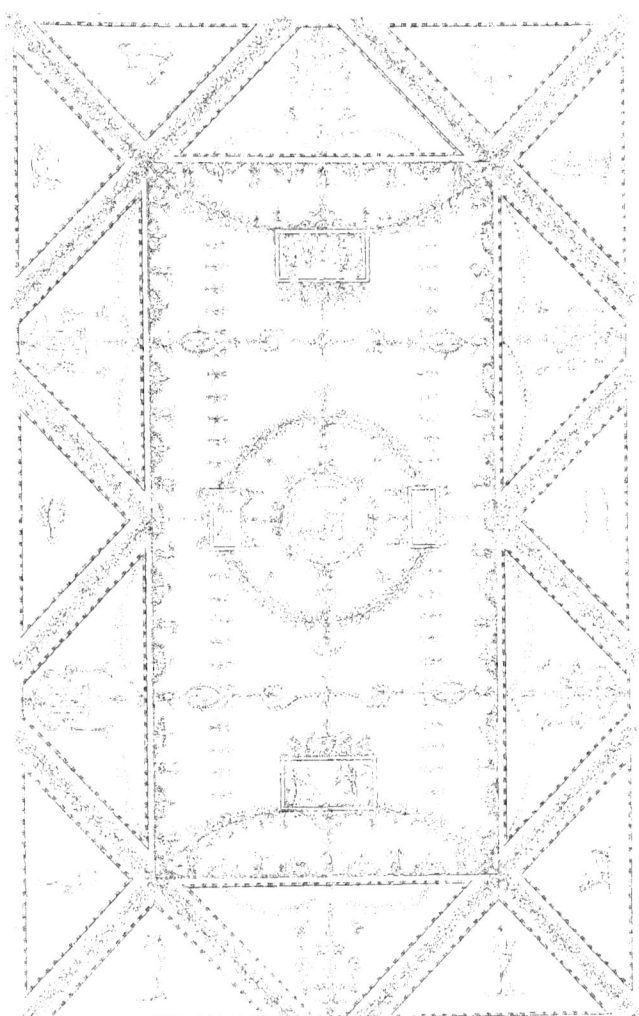

Arabesques qui décorent la Voûte du Vestibule.

Porte d'Entrée.

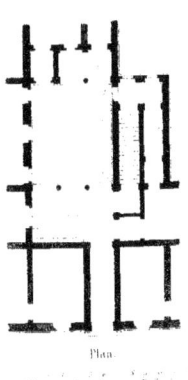

Plan.

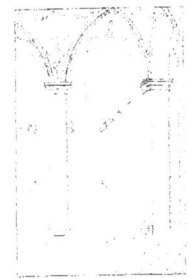

Vue du Vestibule.

MAISON VIA DI PARIONE.

ELEVATION DES PLANS DE VILLE VIV DE GUSARINI

Girolamo della Torre

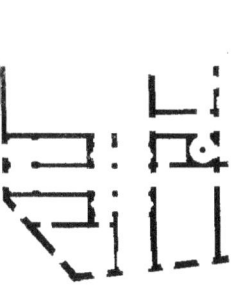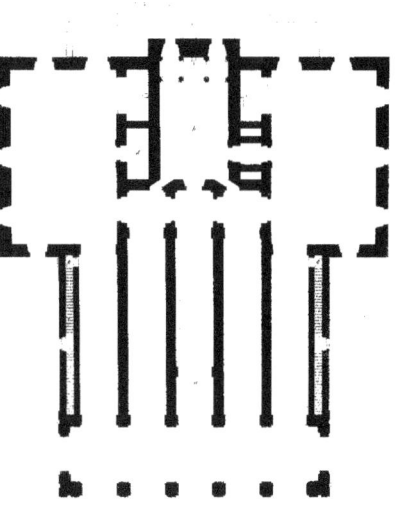

Archivolte de petites arcades

Plan général de l'étage

Chapiteau et base des colonnes

Partie de la coupe sur la longueur

Coupe sur la longueur

ÉGLISE DE S. PAOLO FUORI PAOLO ALLA DEL CORSO

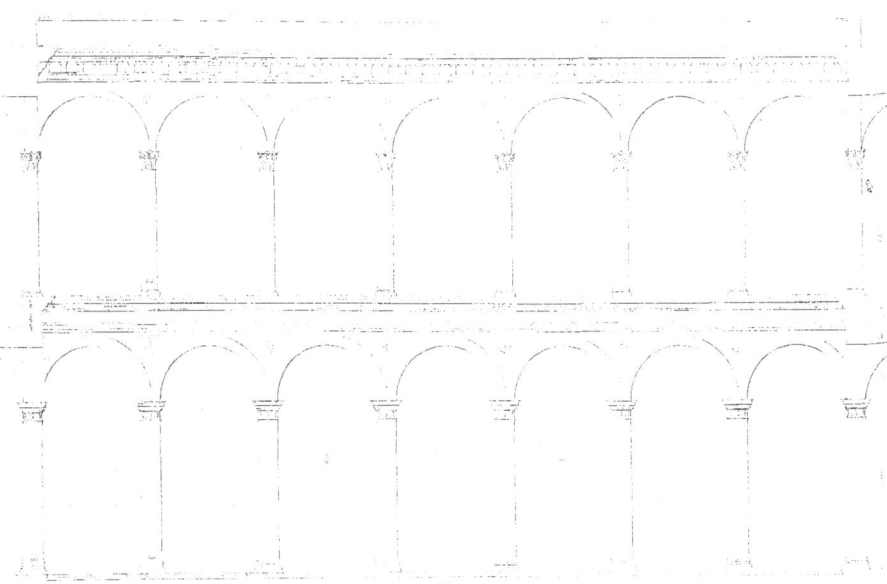

Coupe sur la largeur de la cour principale

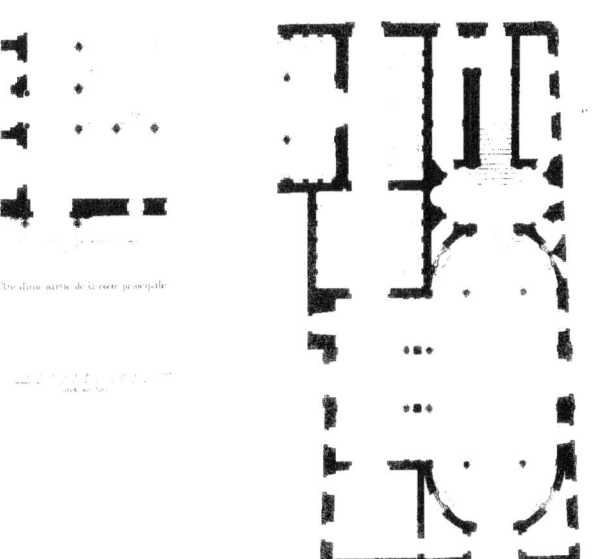

Plan du Vestibule et de l'Escalier sur la Piazza del Collegio Romano

PALAIS DORIA-PAMPHILJ VIA DEL CORSO

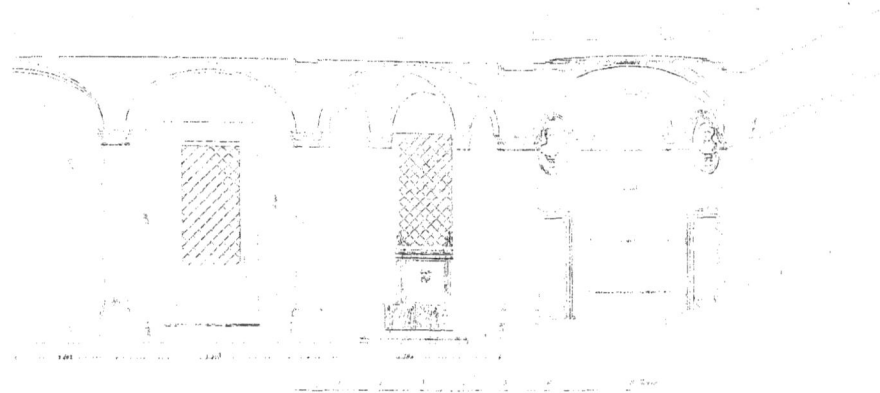

Coupe sur le Vestibule et l'Escalier

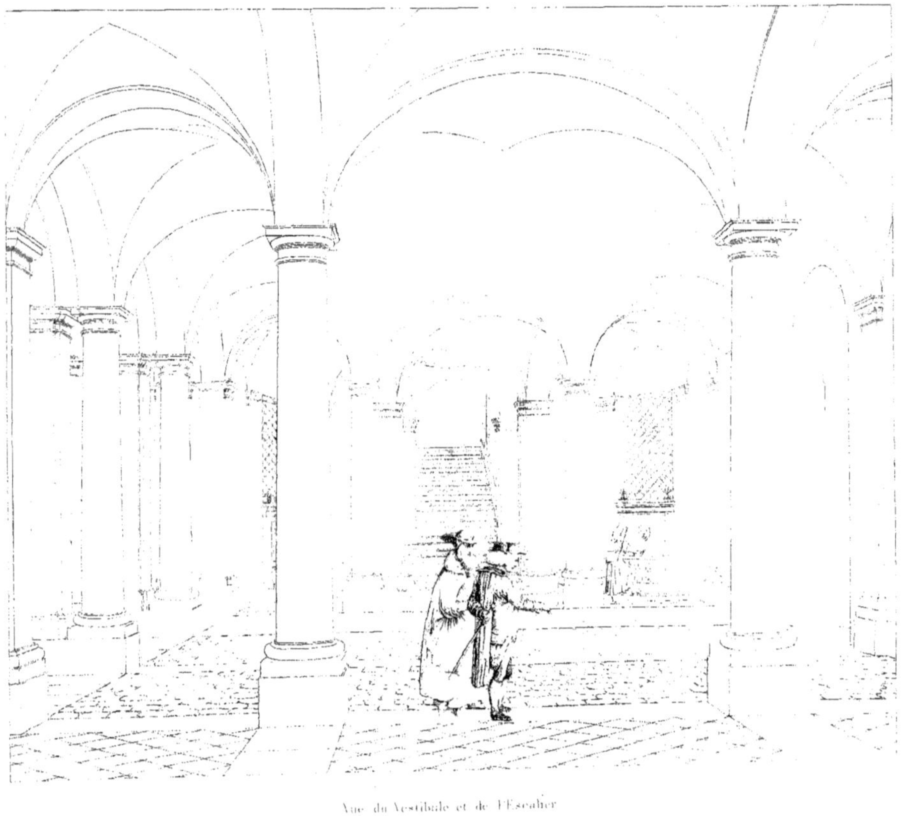

Vue du Vestibule et de l'Escalier

PALAIS DORIA-PAMFILJ PIAZZA DEL COLLEGIO ROMANO

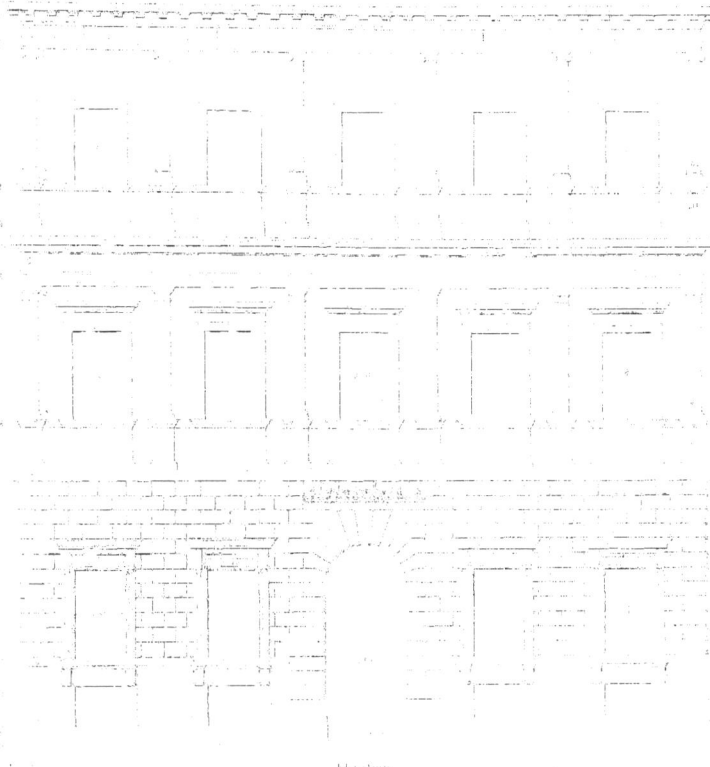

Élévation

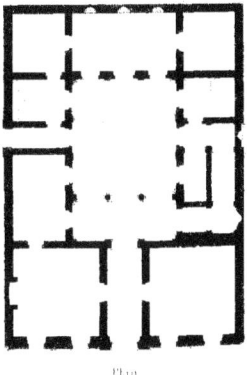

Plan

PALAIS OSSOLAYA DI BALESTRARI

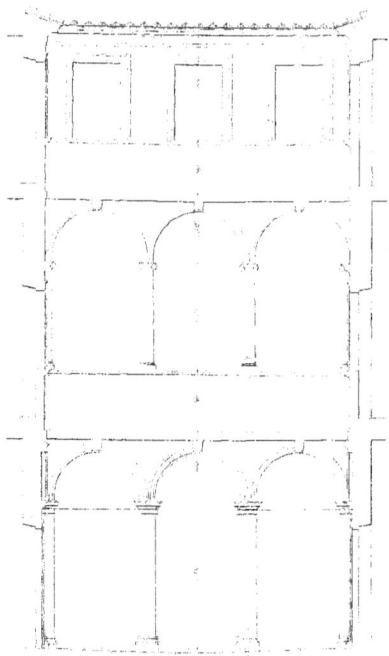

Coupe sur la largeur.

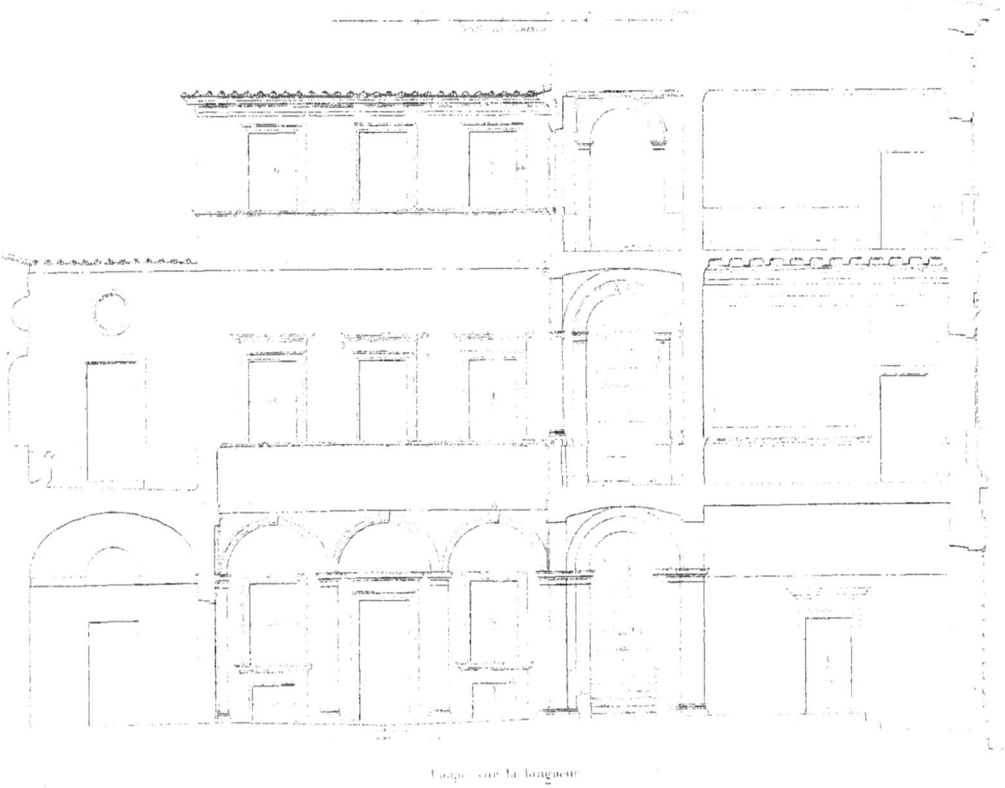

Coupe sur la longueur.
PALAIS OSSOLI AUX DE BALESTRARI

Coupe sur l'Église

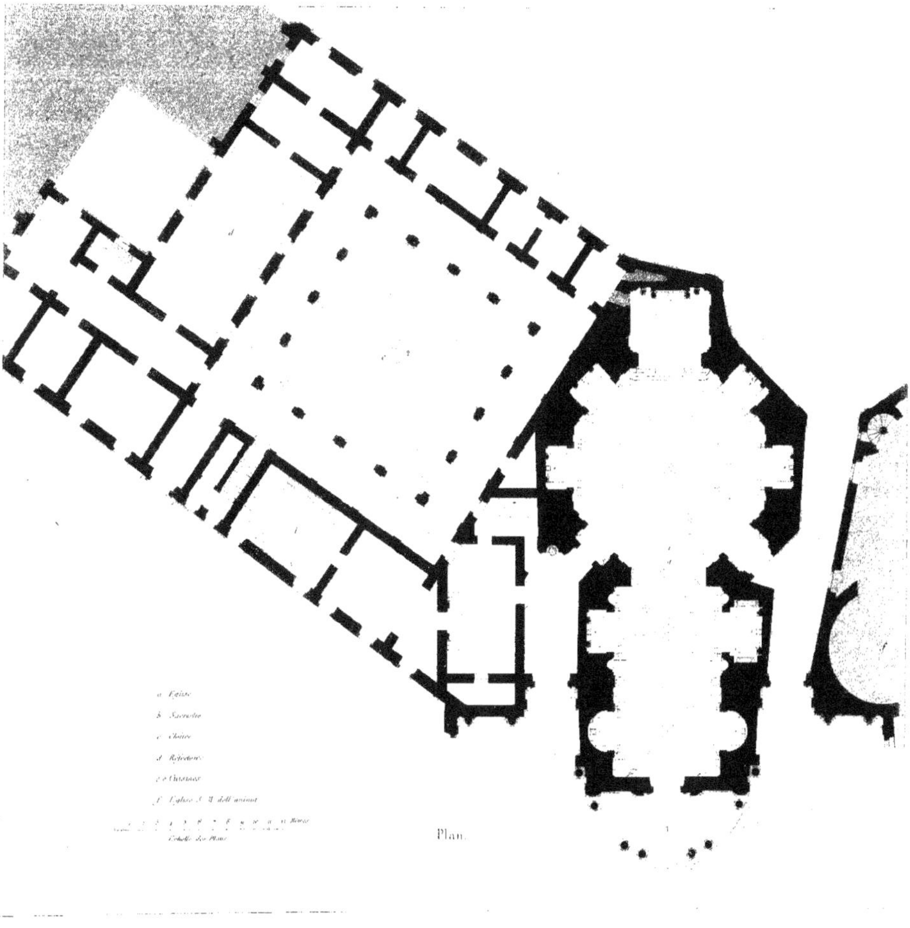

Plan

EGLISE ET CLOITRE DE S. MARIA DELLA PACE

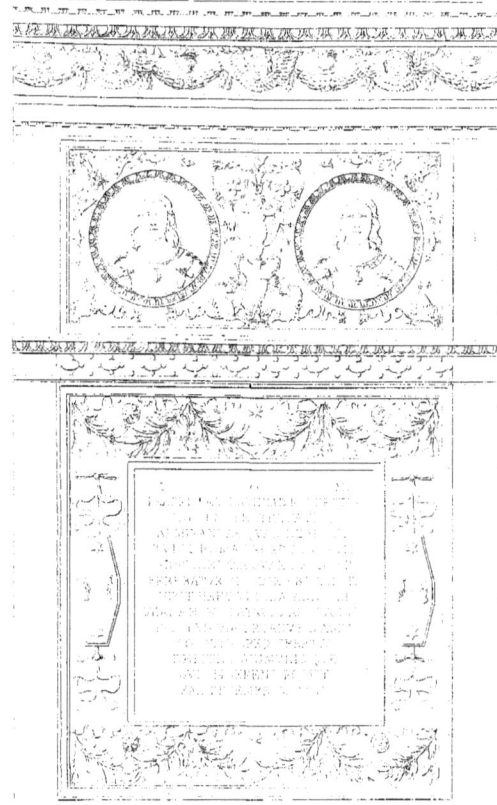

TOMBEAU DANS L'ÉGLISE S. MARIA DELLA PACE

COUPE SUR LA COUR DU CLOÎTRE DE S. MARIA DELLA PACE

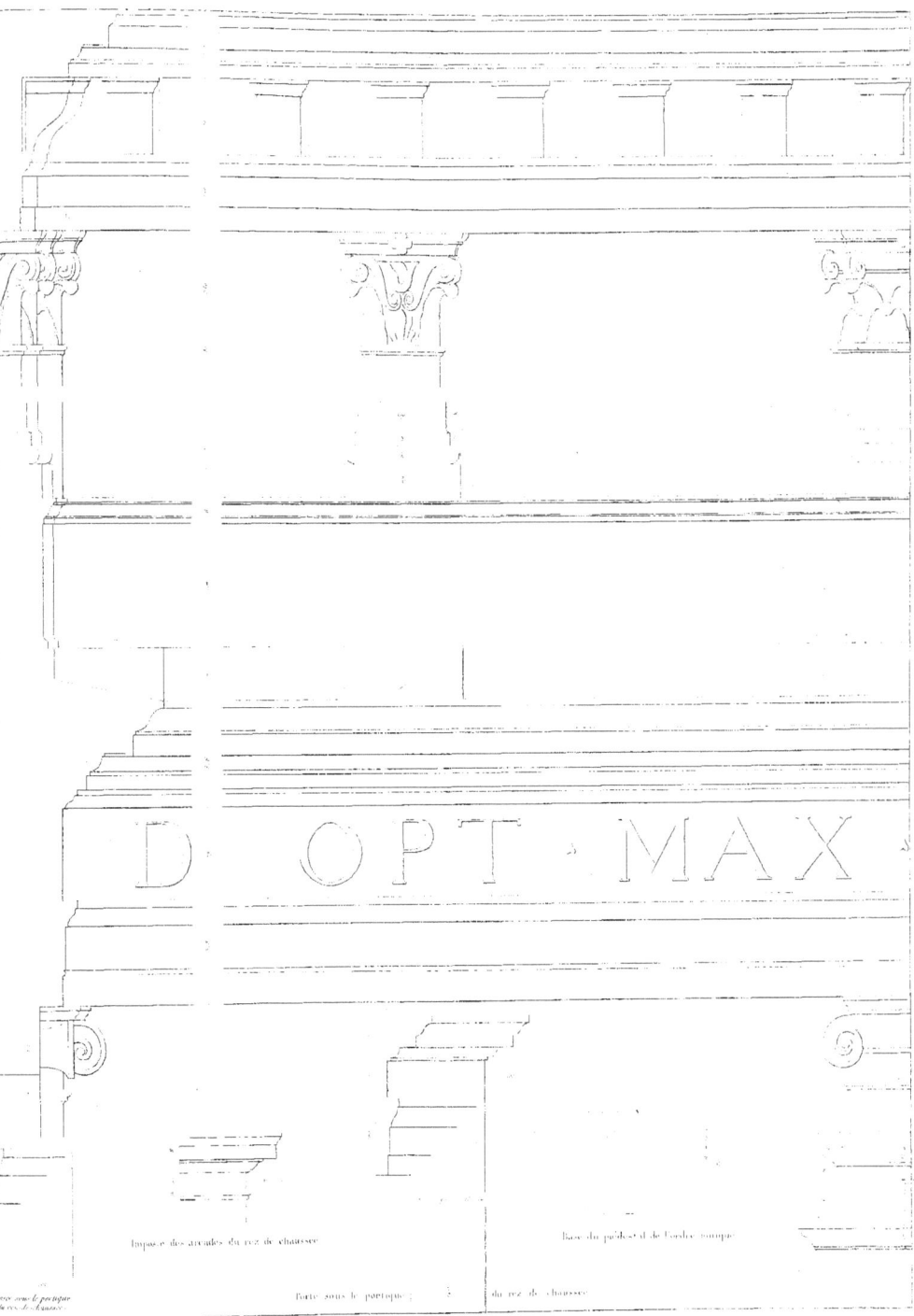

DÉTAILS DES DEUX ORDRES DU CLOITRE DE S. MARIA DELLA PACE.

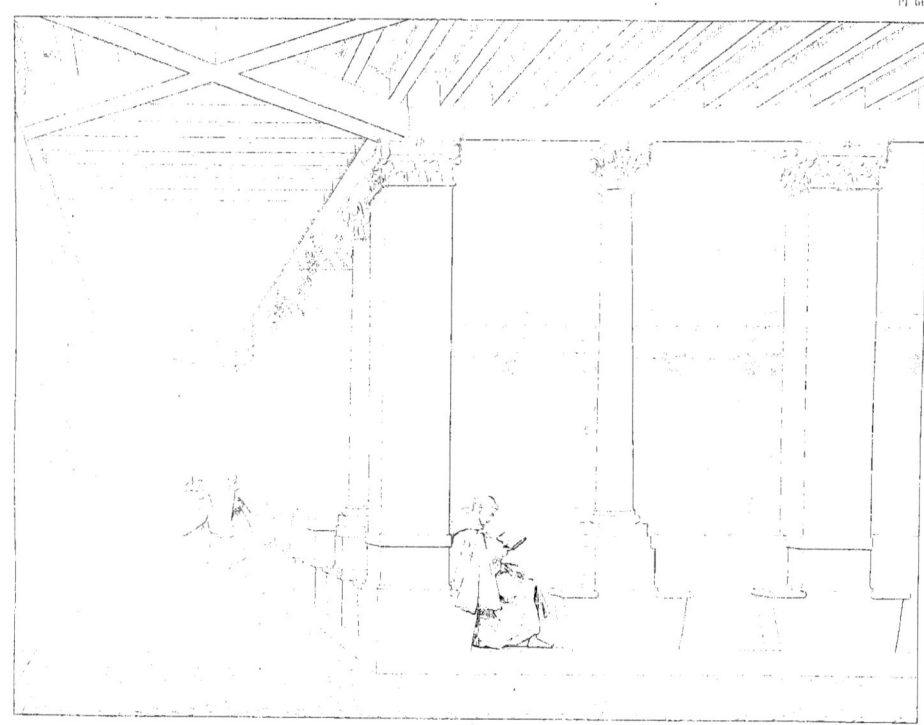

VUE DU CLOÎTRE DE S. MARIA DELLA PACE,
prise du premier étage.

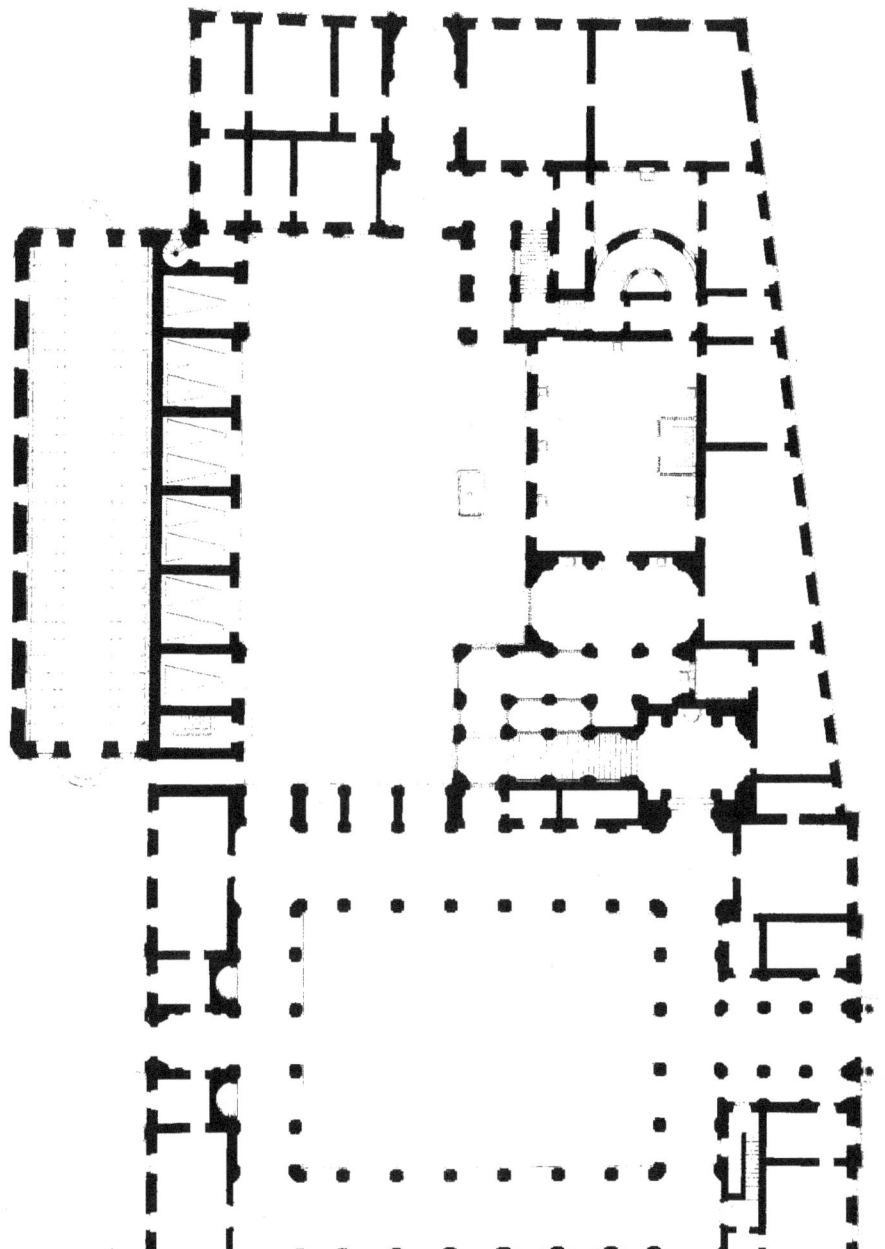

Elevation de l'Eglise ci dessous

a. Nave Principal
b. Nation de l'Epitre
c. Nation de l'Evangile

d. Baptistère
e. Chœur, l'Abside
f. Sacristie

PLAN DE L'EGLISE S.M. COSMEDIN

PLAN DE L'EGLISE D'POLEANO

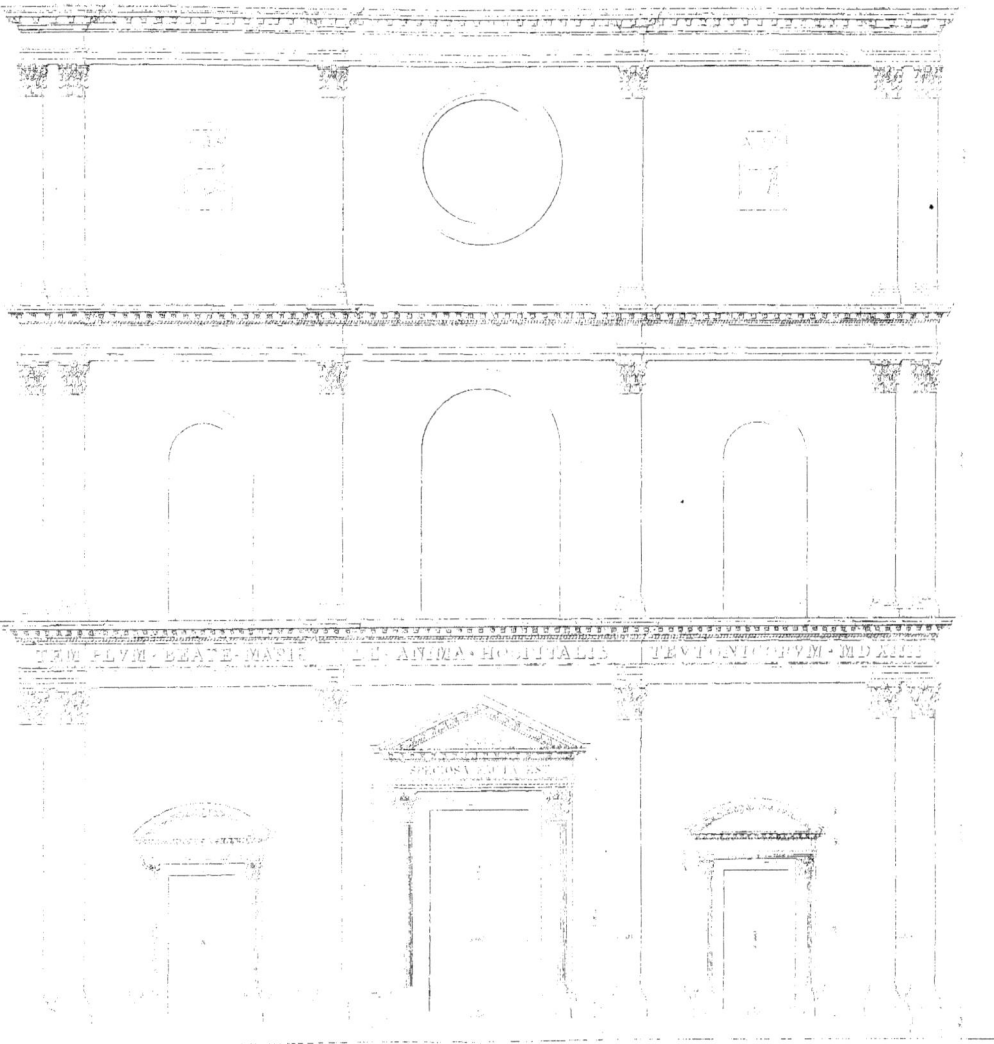

ÉLÉVATION DE L'ÉGLISE S.M. DELL'ANIMA

Élévation principale

Plan
COLLÈGE DELLA SAPIENZA

Partie de la Coupe sur la largeur de la Cour

Partie de l'Élévation principale

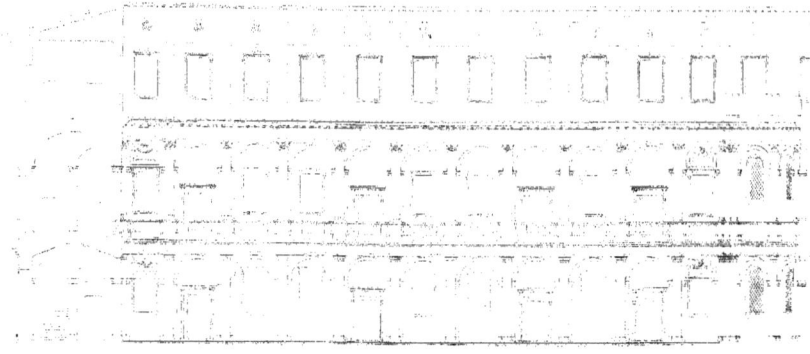

Coupe sur la longueur de la Cour

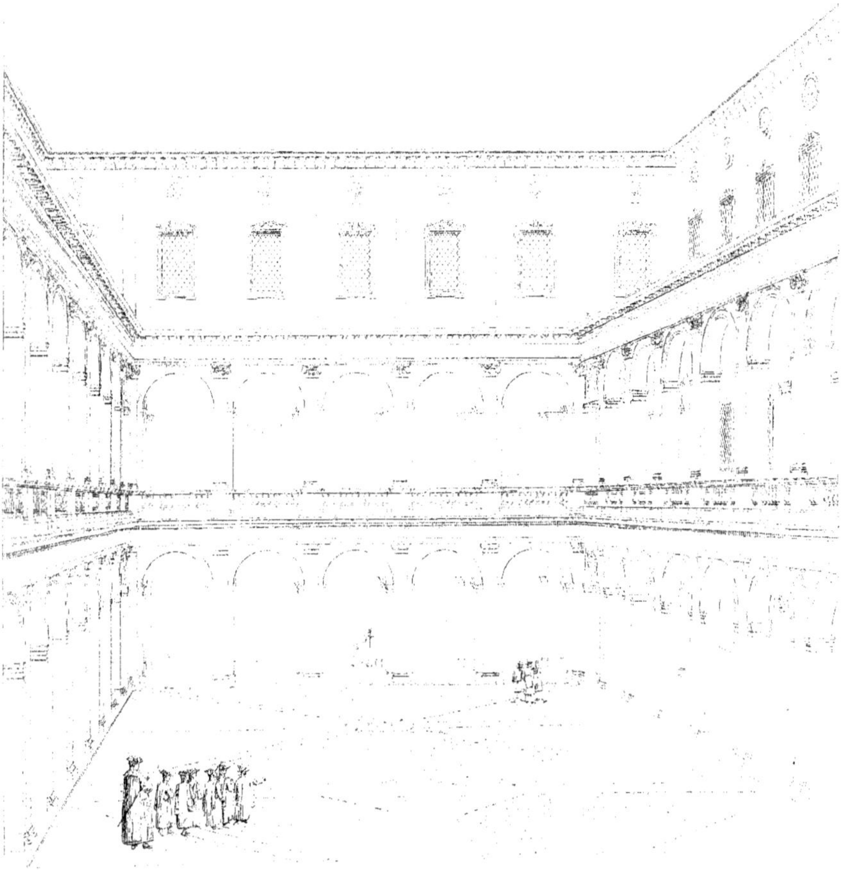

Vue du fond de la Cour côté de l'Entrée

COLLEGE DELLA SAPIENZA

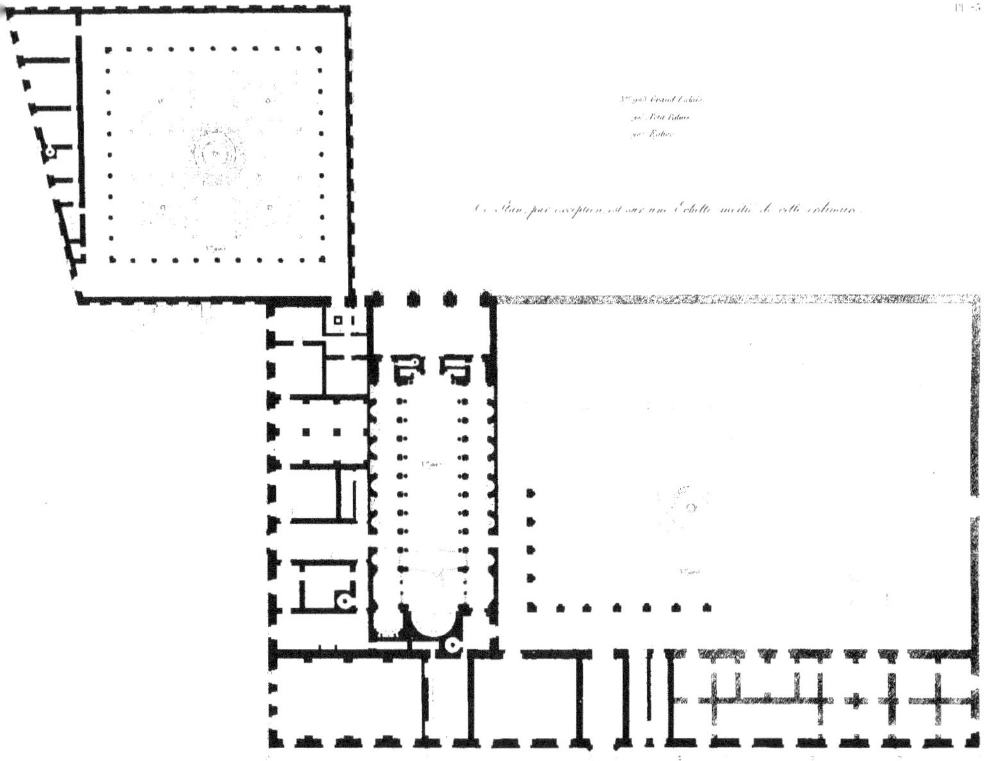

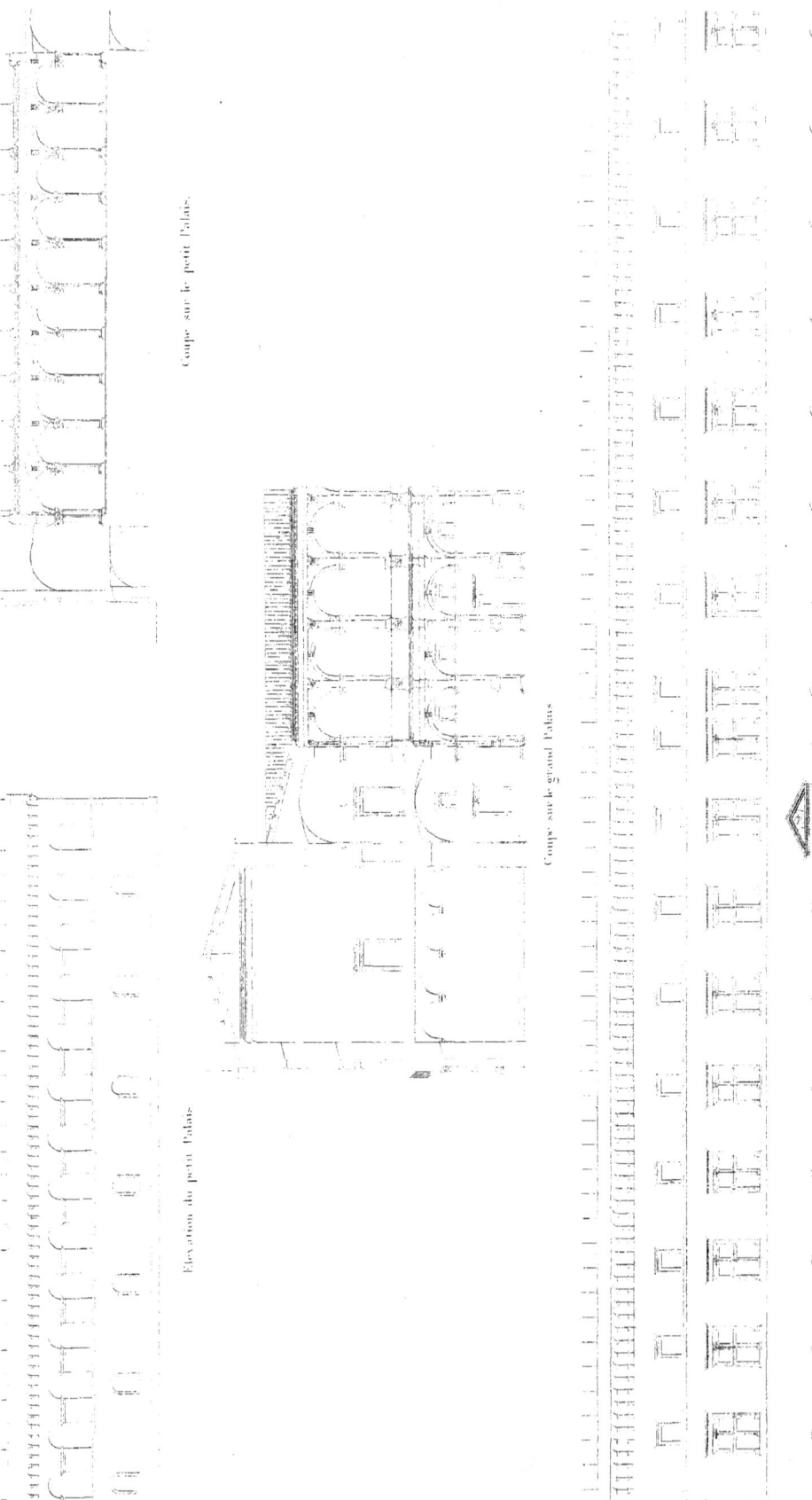

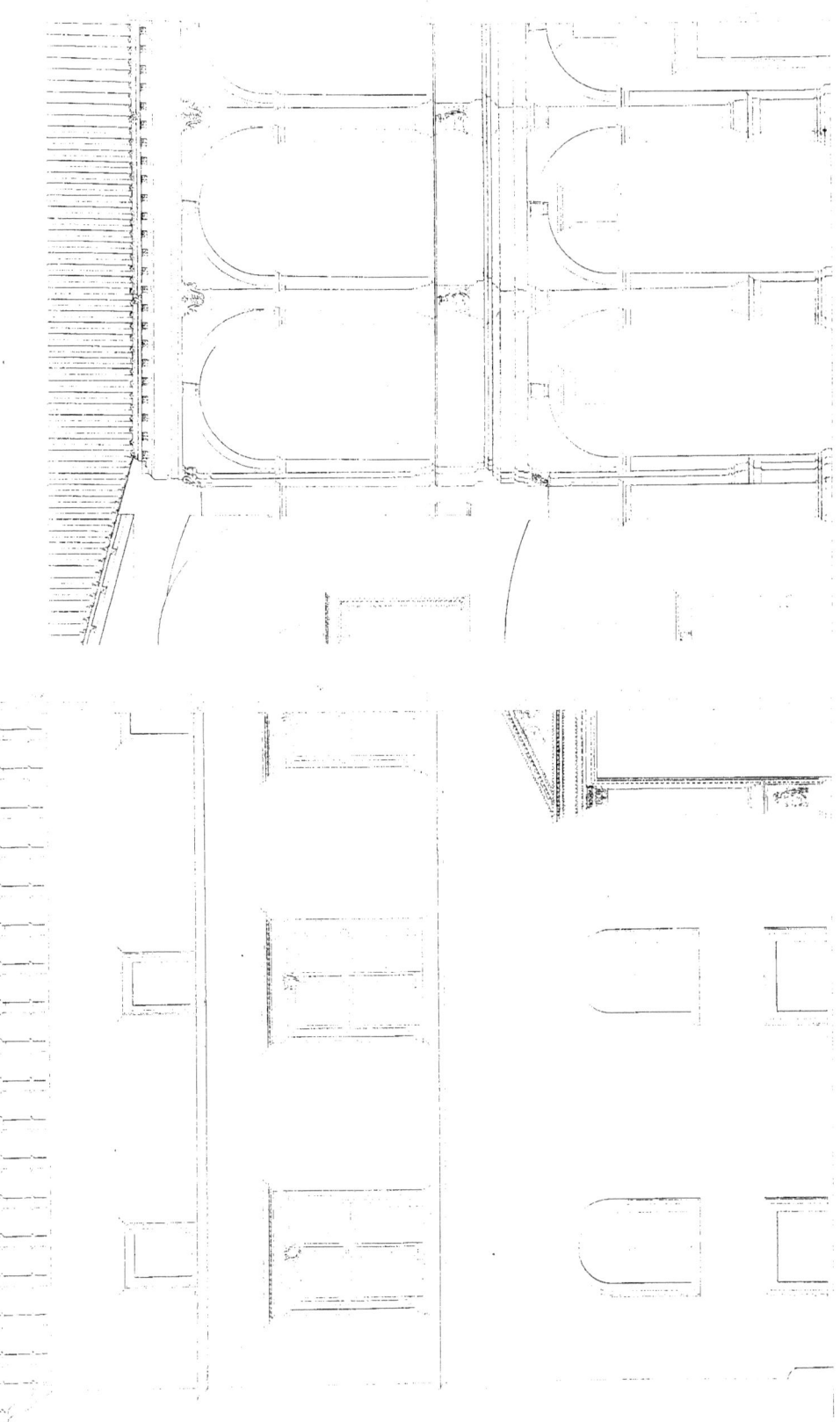

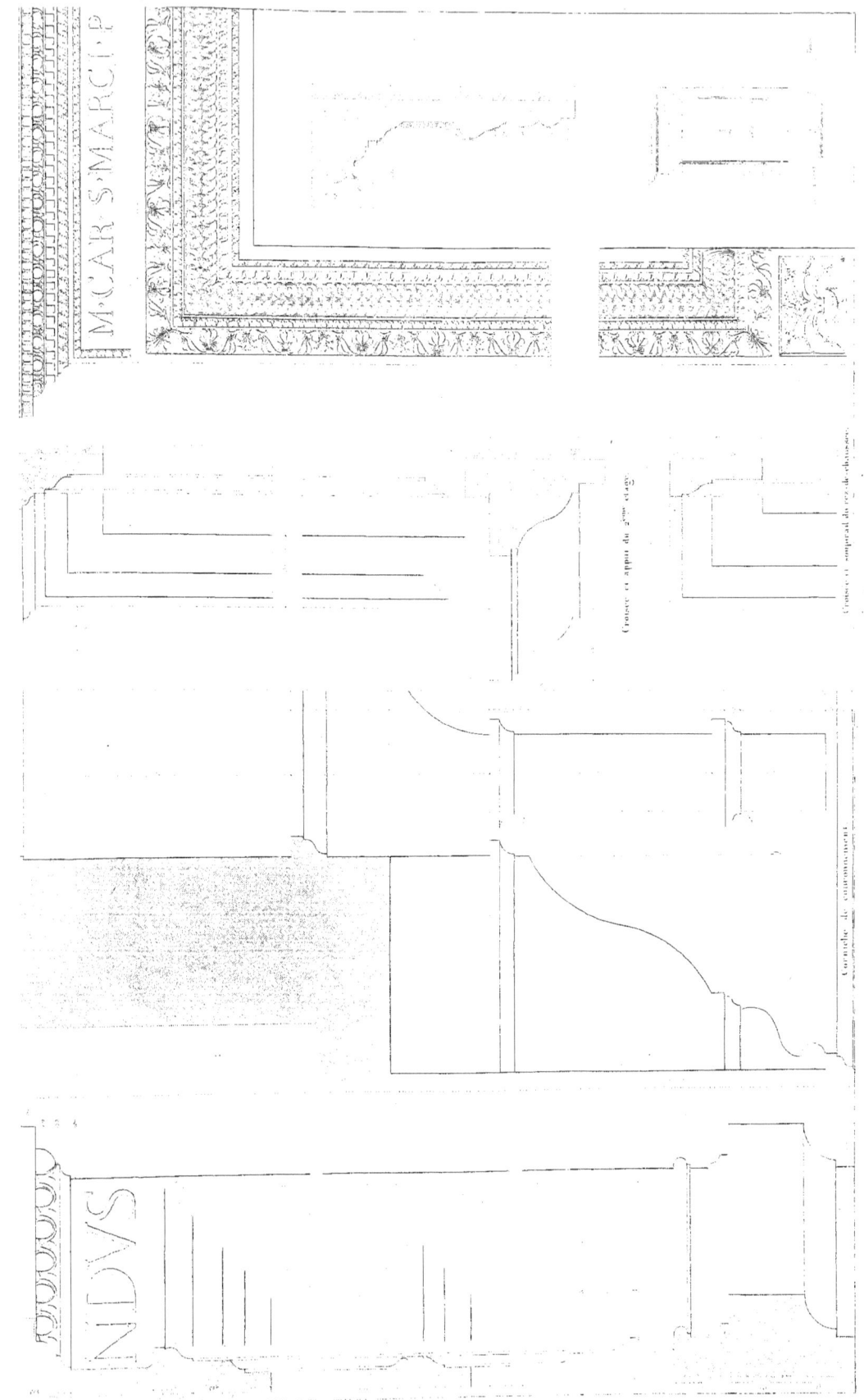

Partie de la Coupe

Détail de l'Élévation

Partie de l'Élévation

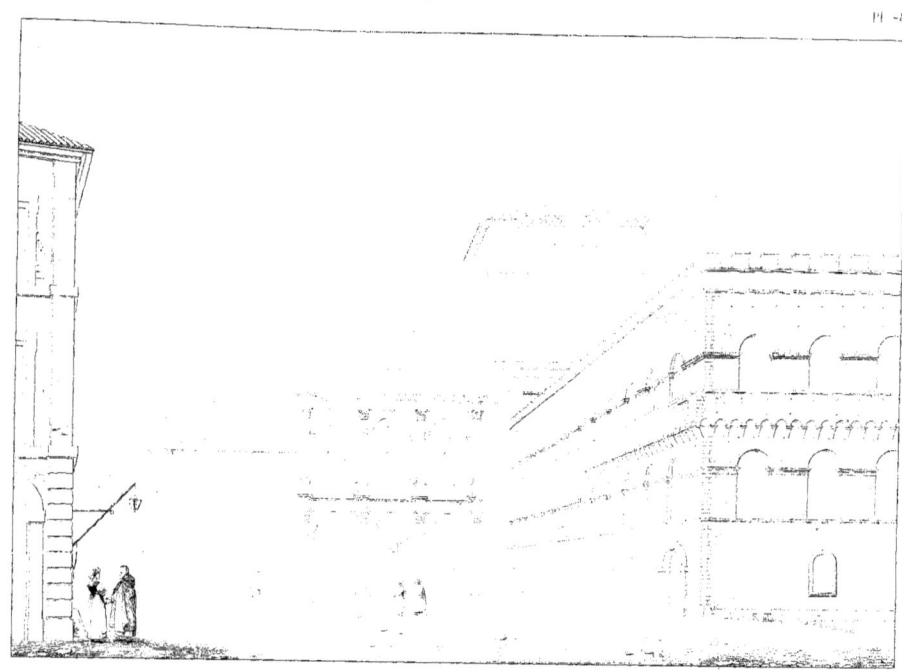

VUE DU PETIT PALAIS DI VENEZIA ET DE L'EGLISE DI S. MARCO

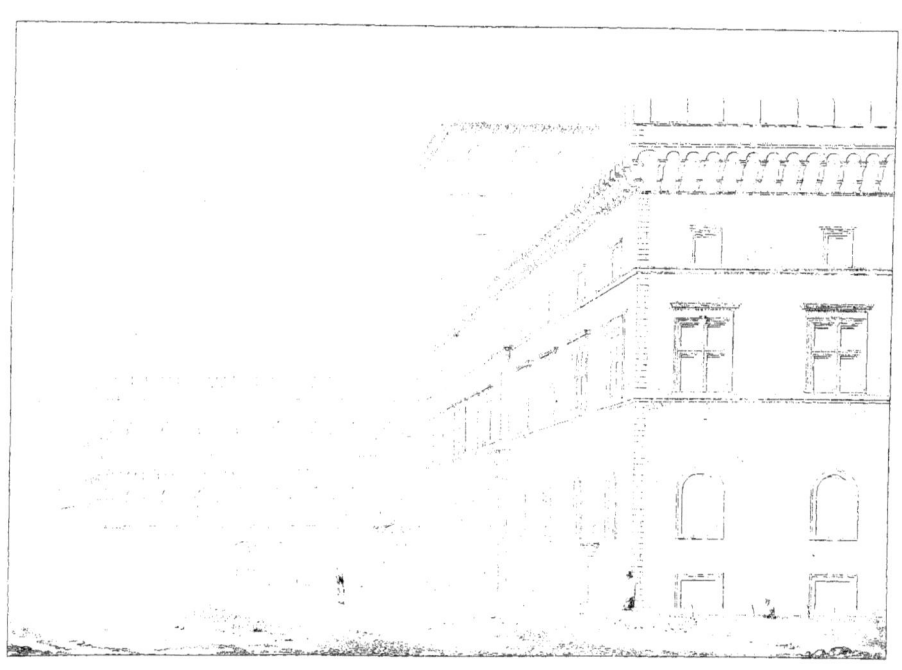

VUE DU GRAND ET DU PETIT PALAIS DI VENEZIA

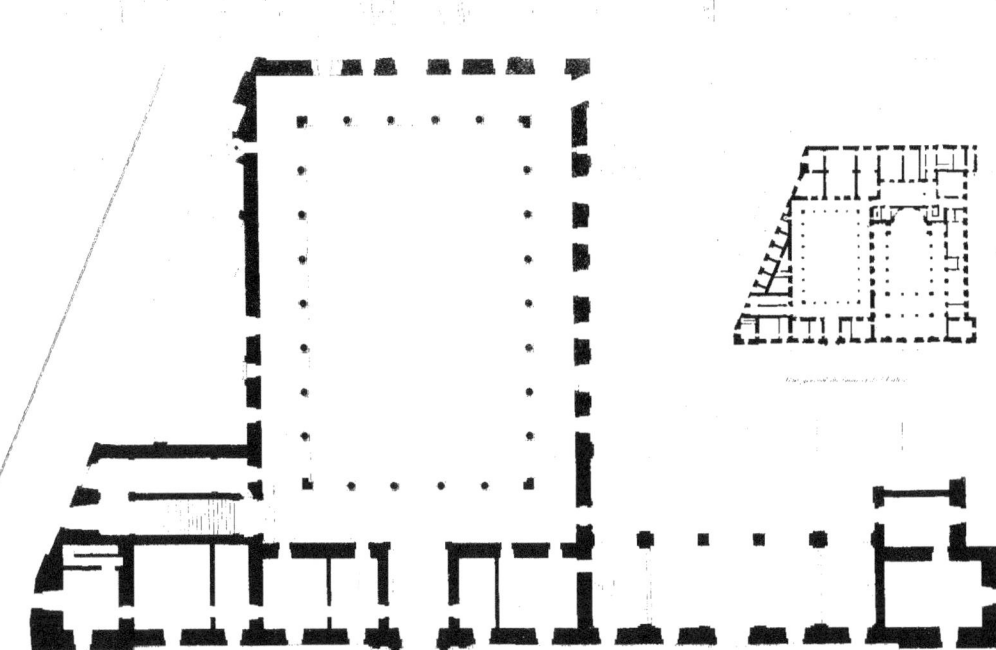

PLAN ET ELEVATION DU PALAIS DELLA CANCELLARIA ET DE L'EGLISE S. LORENZO IN DAMAZO

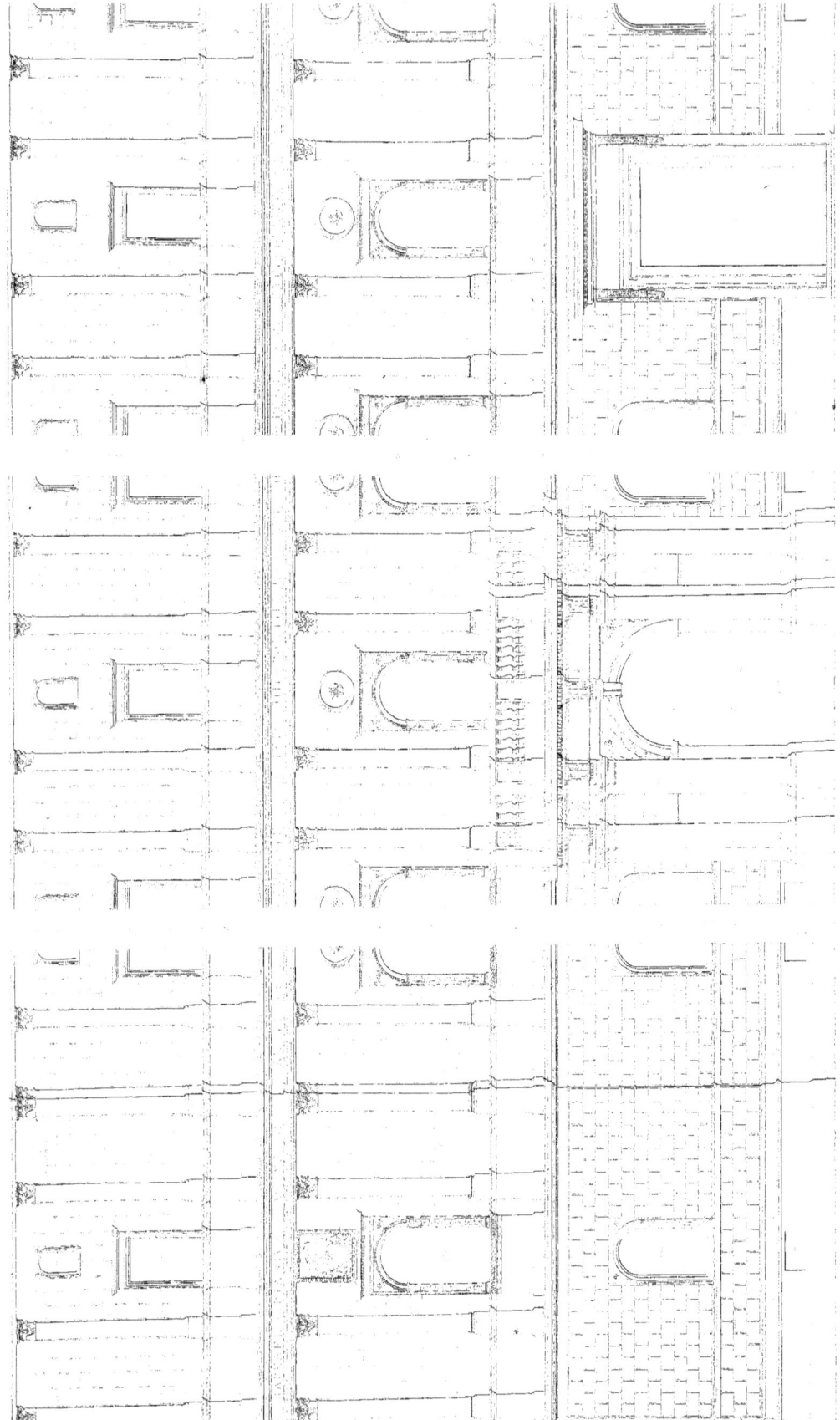

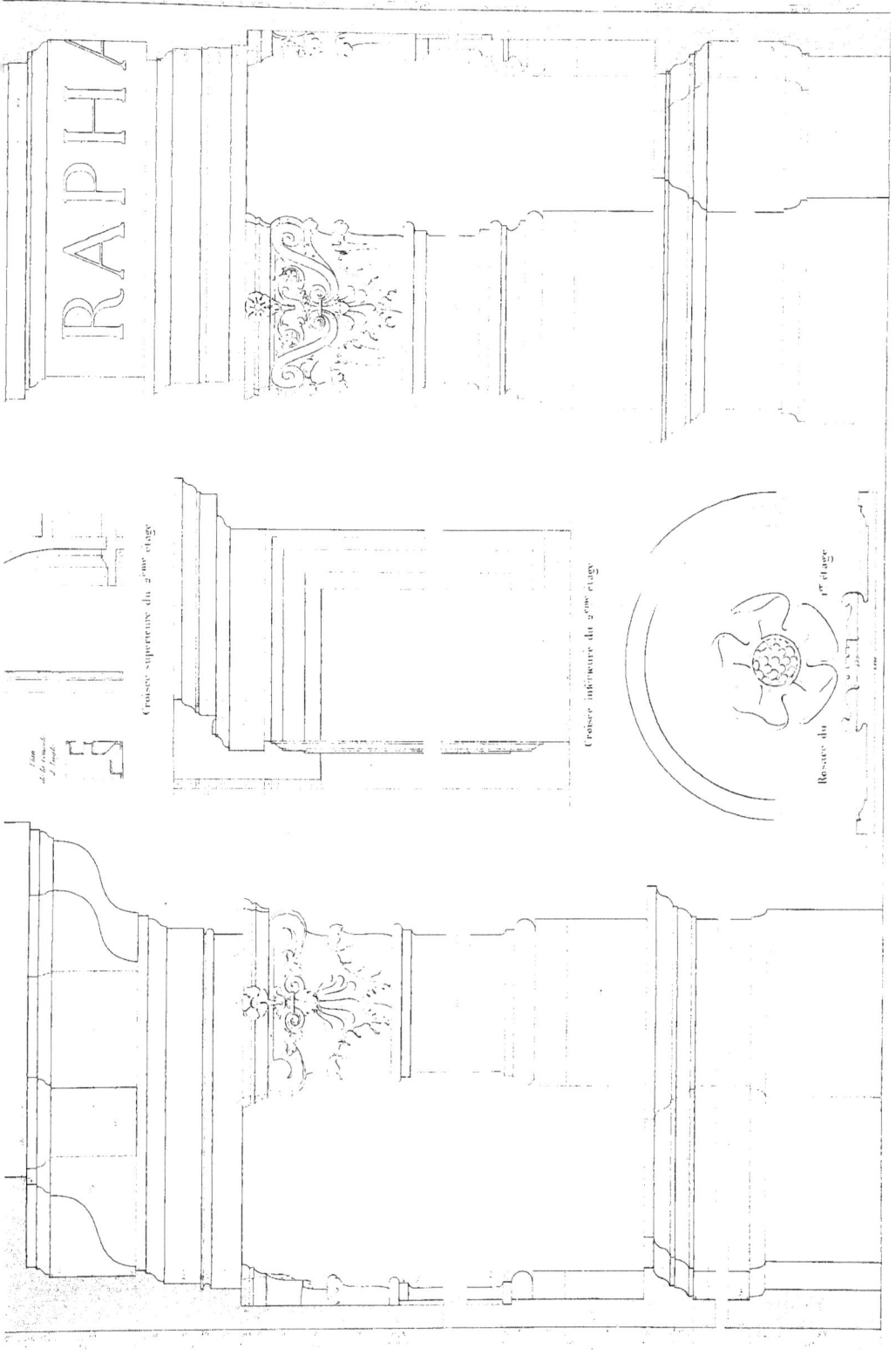

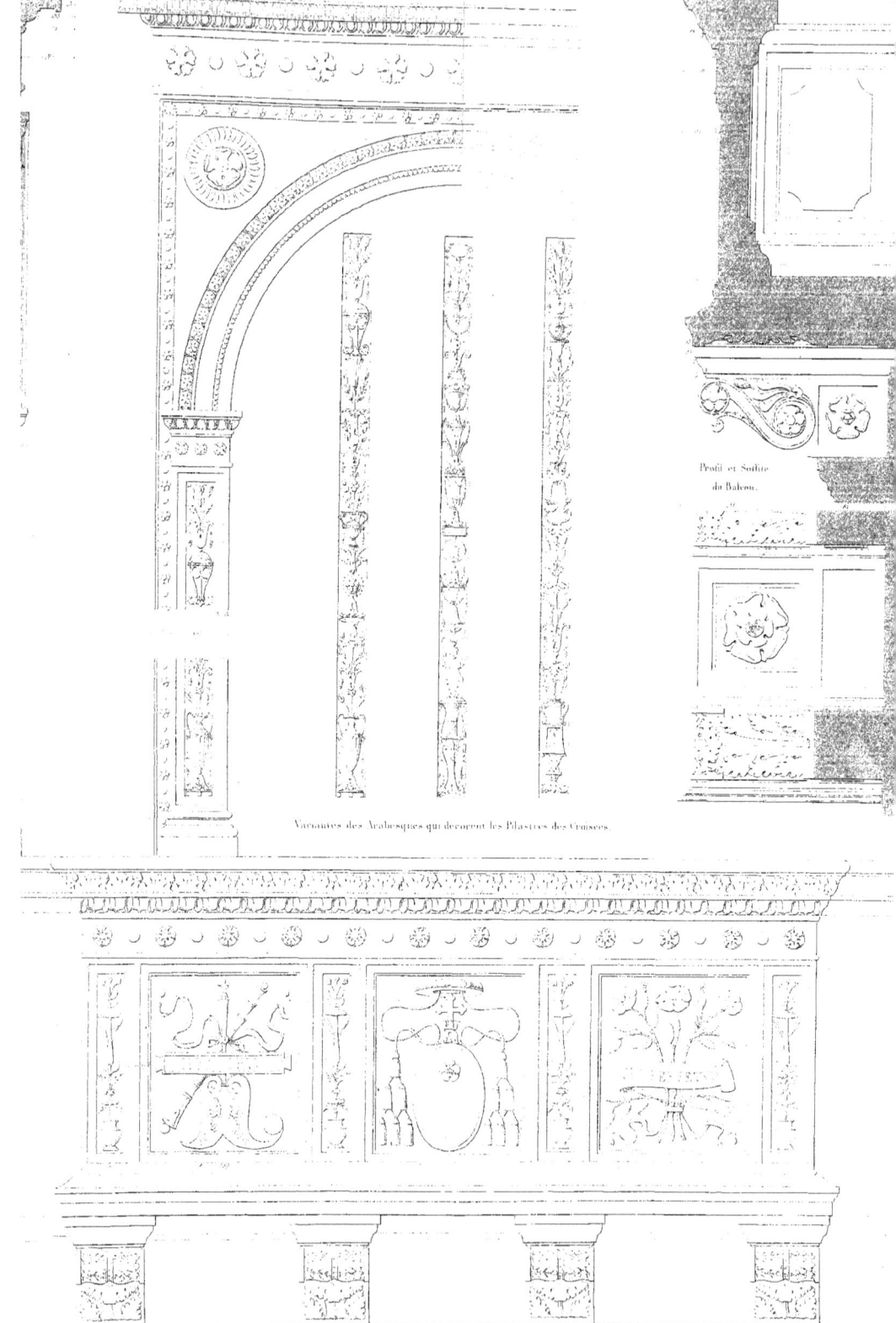

DÉTAILS DE L'ÉLÉVATION DU PALAIS DELLA CANCELLARIA
Croisée du premier Étage.

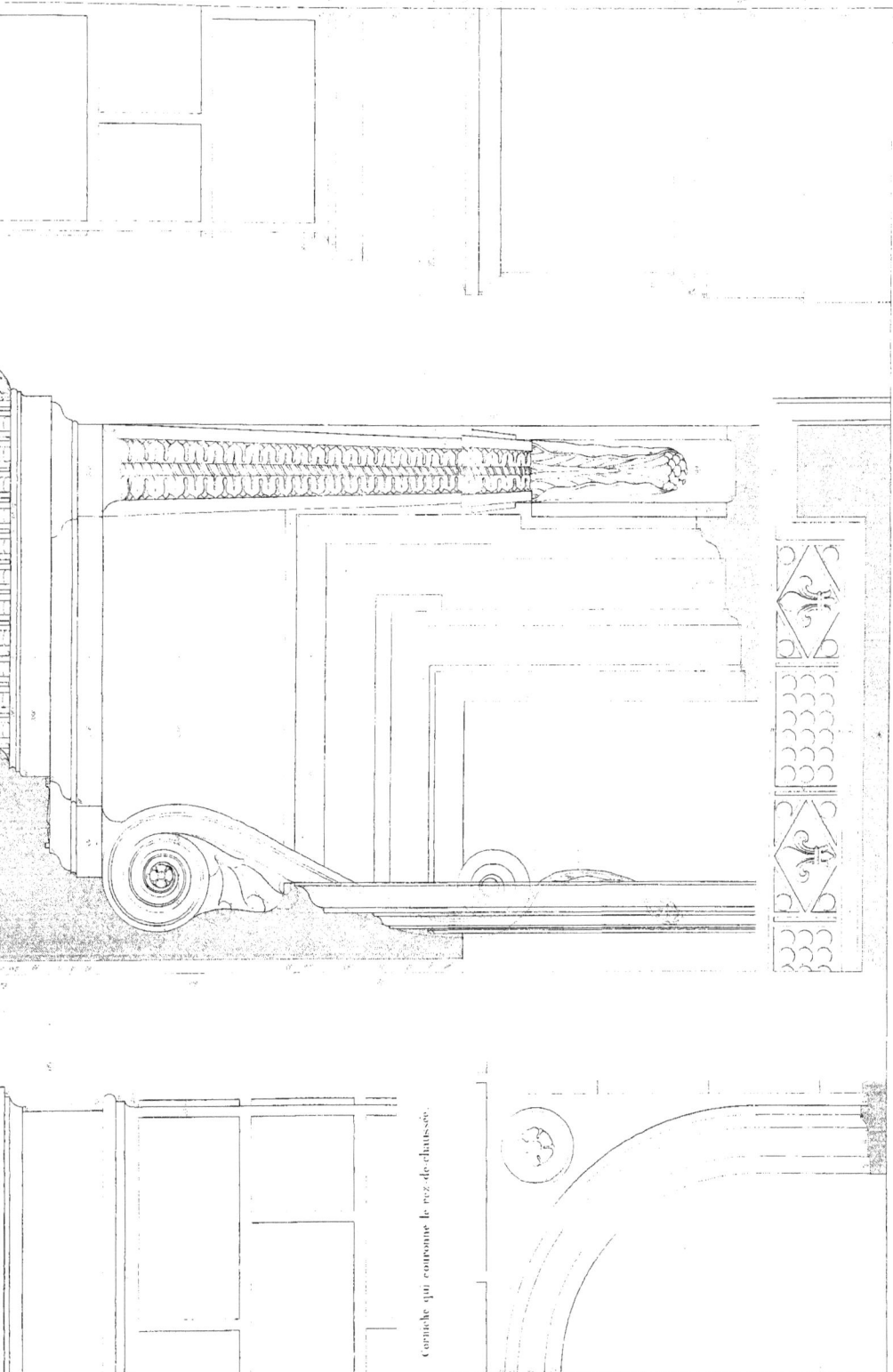

Corniche qui couronne le rez-de-chaussée.

Vue de l'entrée de la cour et de l'escalier.

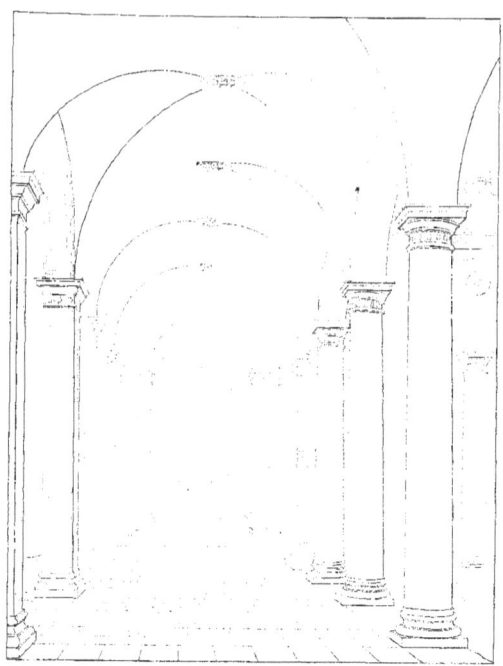

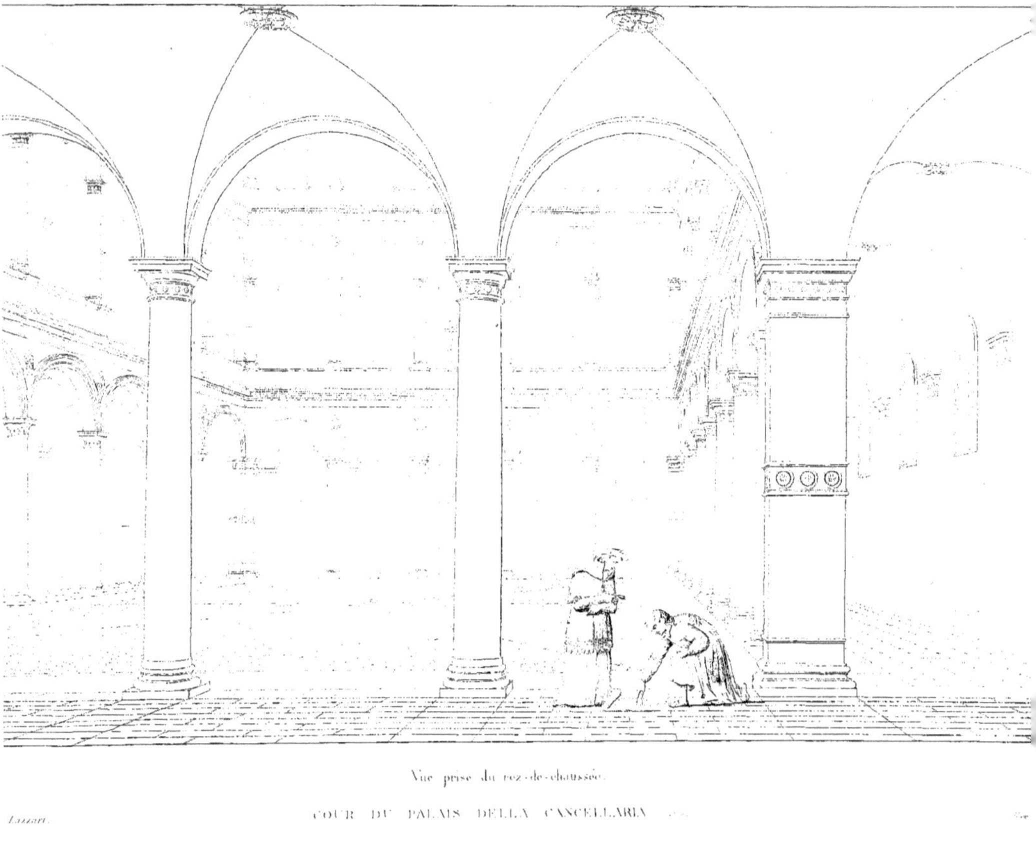

Vue prise du rez-de-chaussée.

COUR DU PALAIS DELLA CANCELLARIA

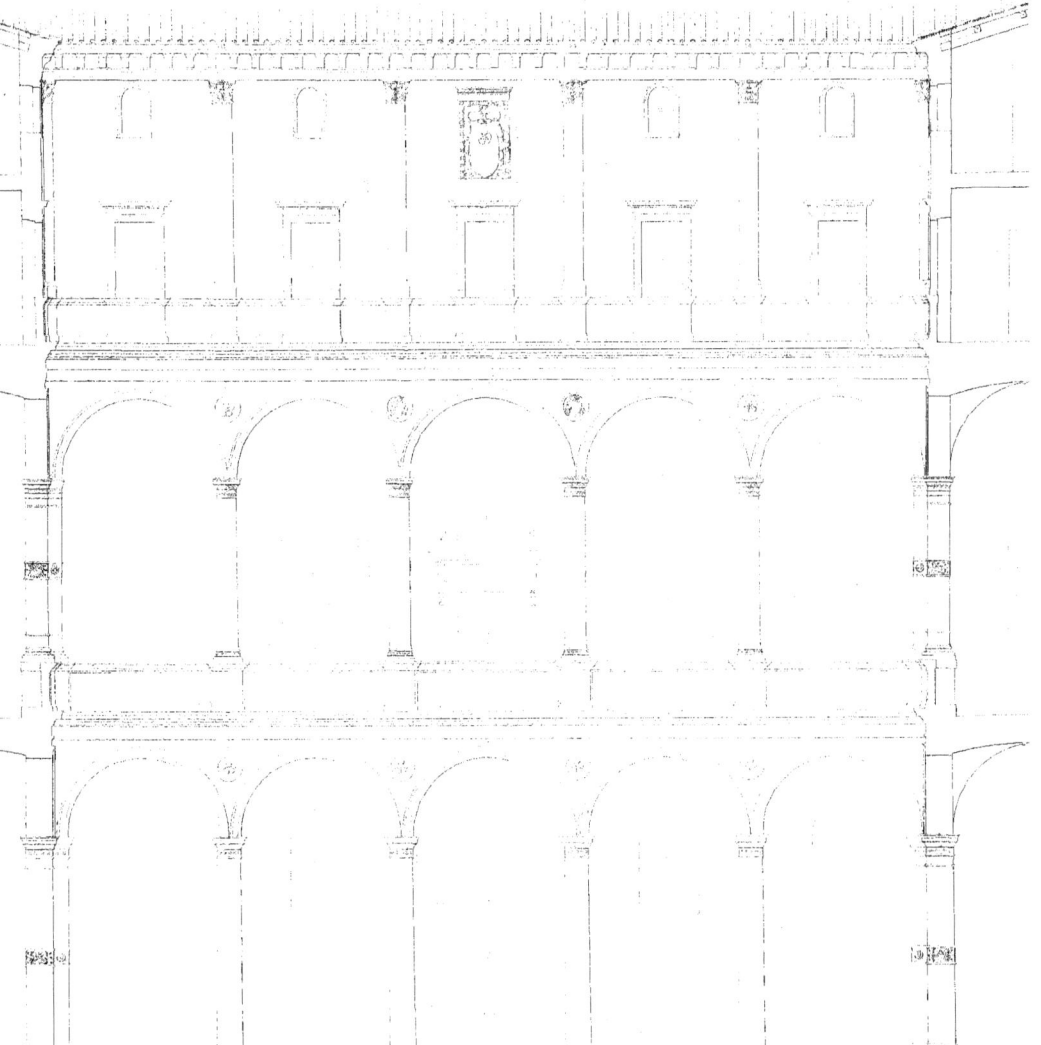

COUPE SUR LA LARGEUR DE LA COUR DU PALAIS DELLA CANCELLARIA

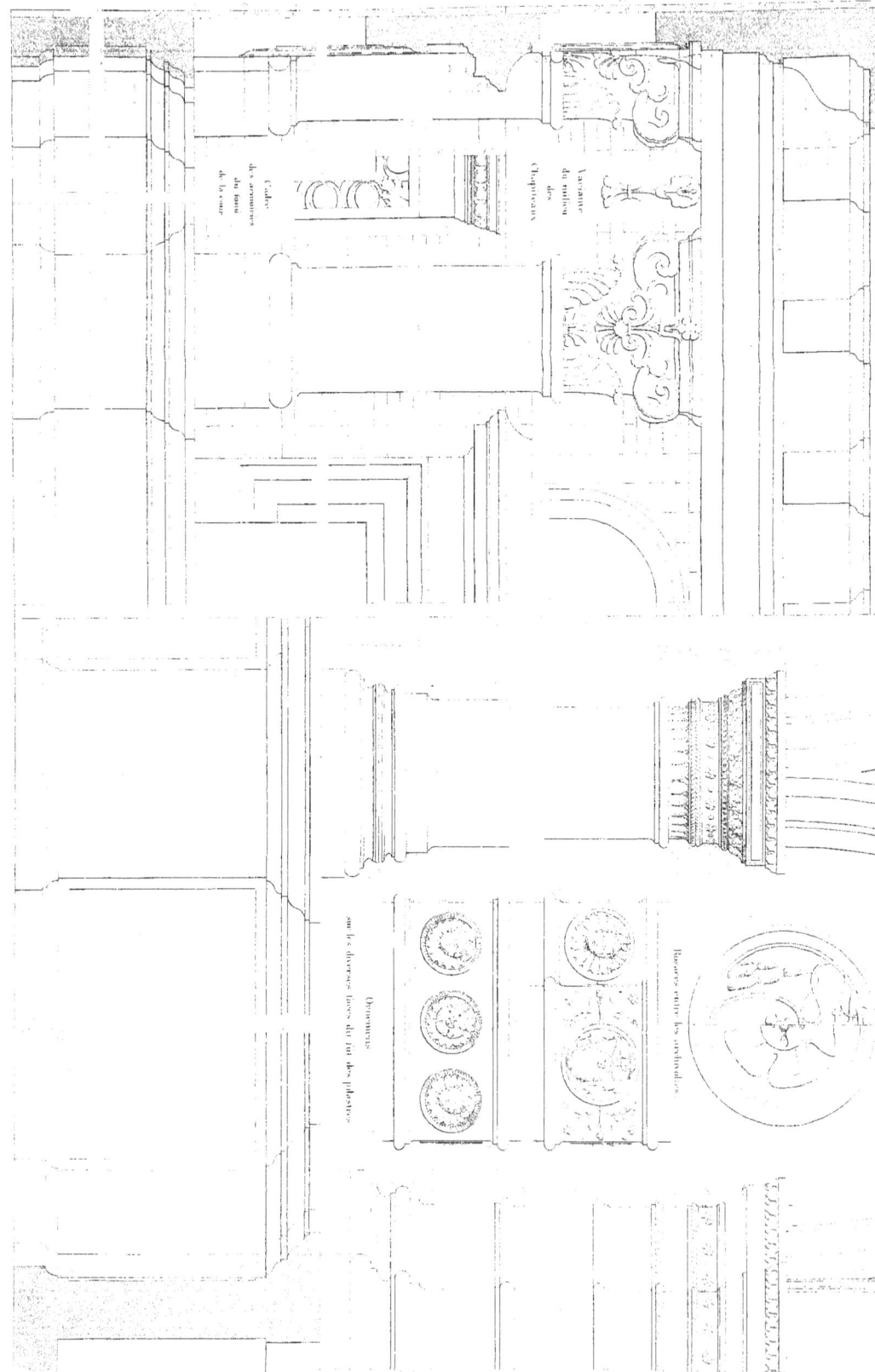

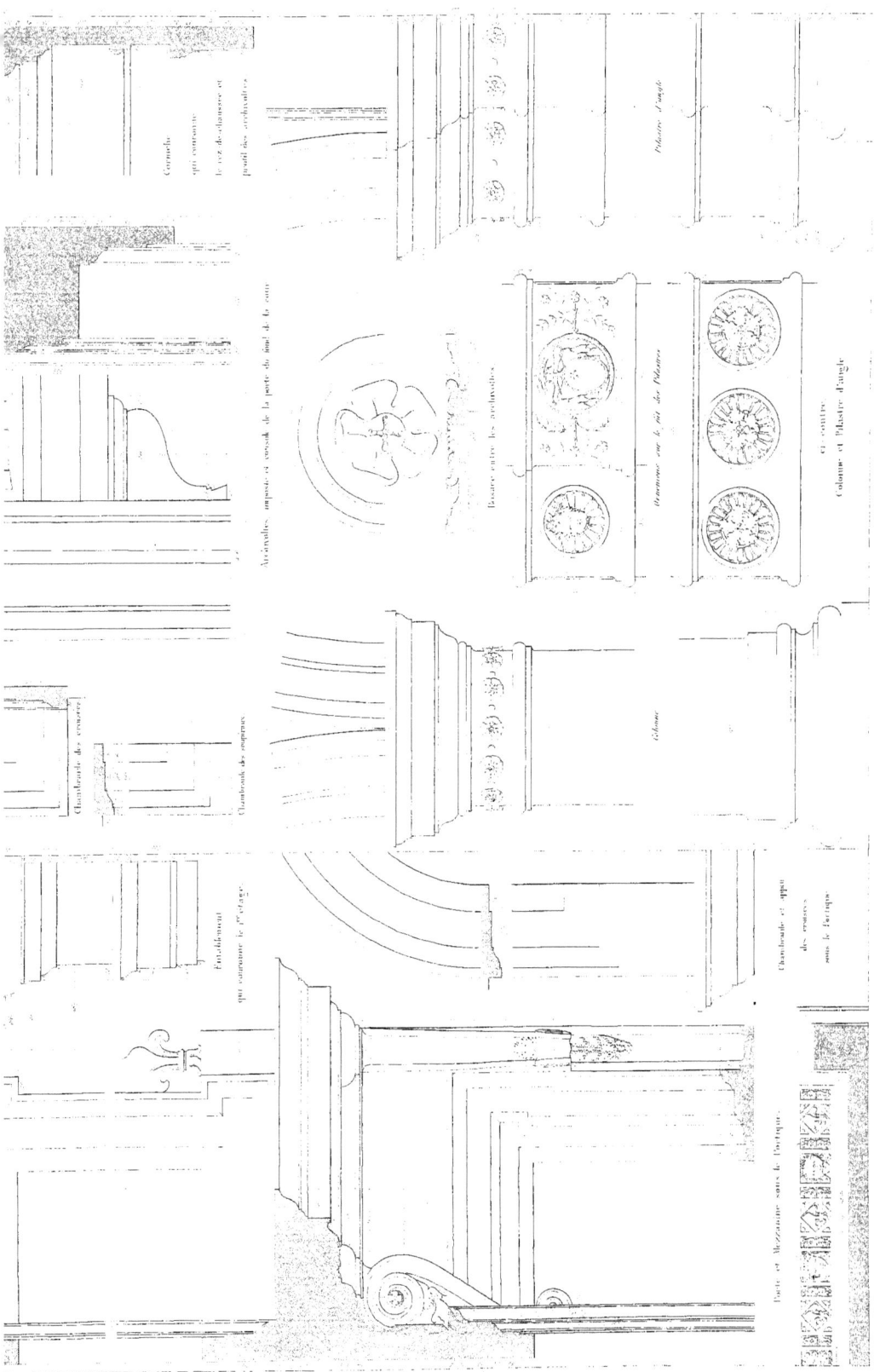

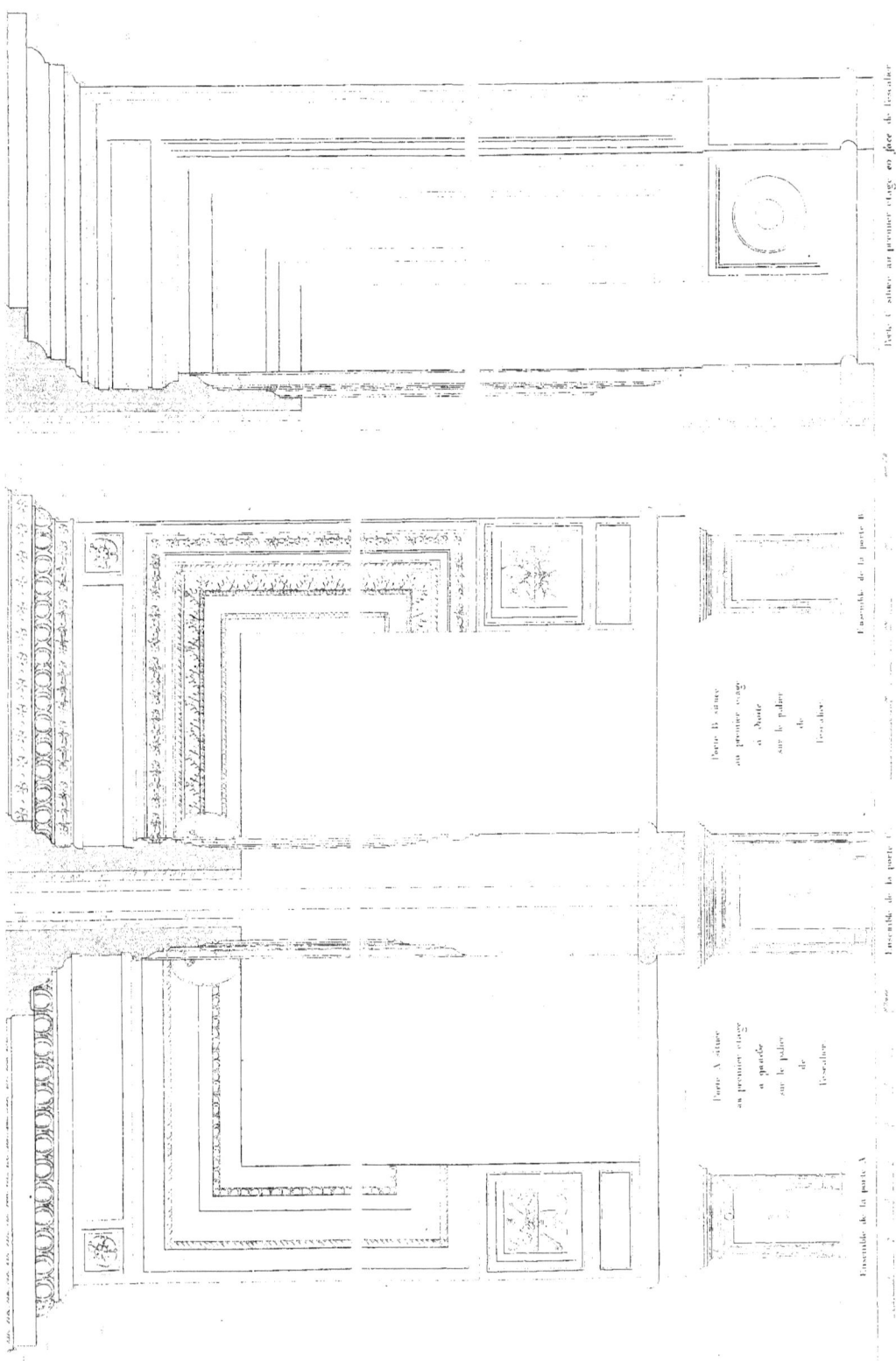

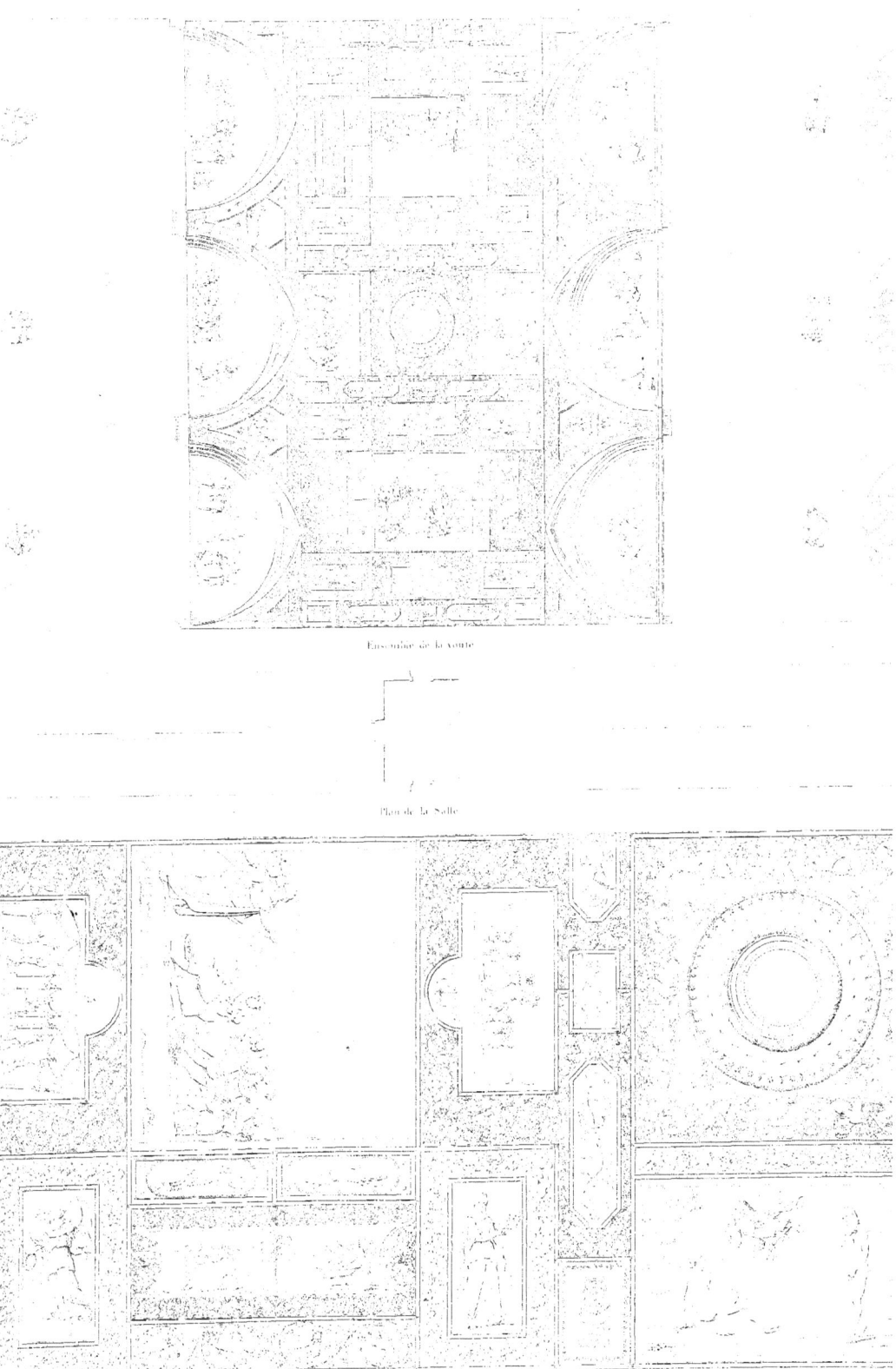

Ensemble de la voûte

Plan de la Salle

Détail d'une partie de la voûte

PEINTURES DE LA VOÛTE D'UNE SALLE DU PREMIER ÉTAGE DU PALAIS DELLA CANCELLARIA

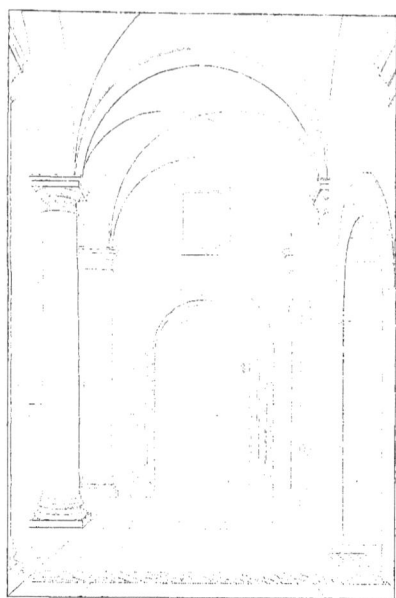

Vue de la petite cour et de l'entrée du jardin.

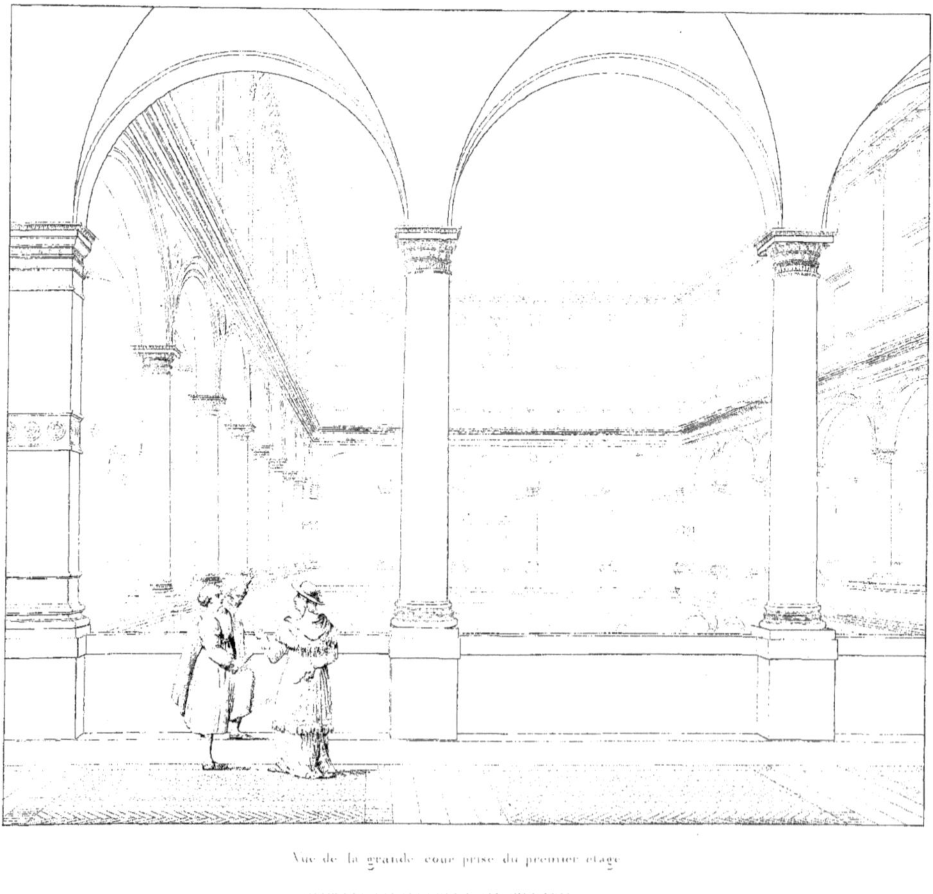

Vue de la grande cour prise du premier étage.

COURS DU PALAIS DELLA CANCELLARIA

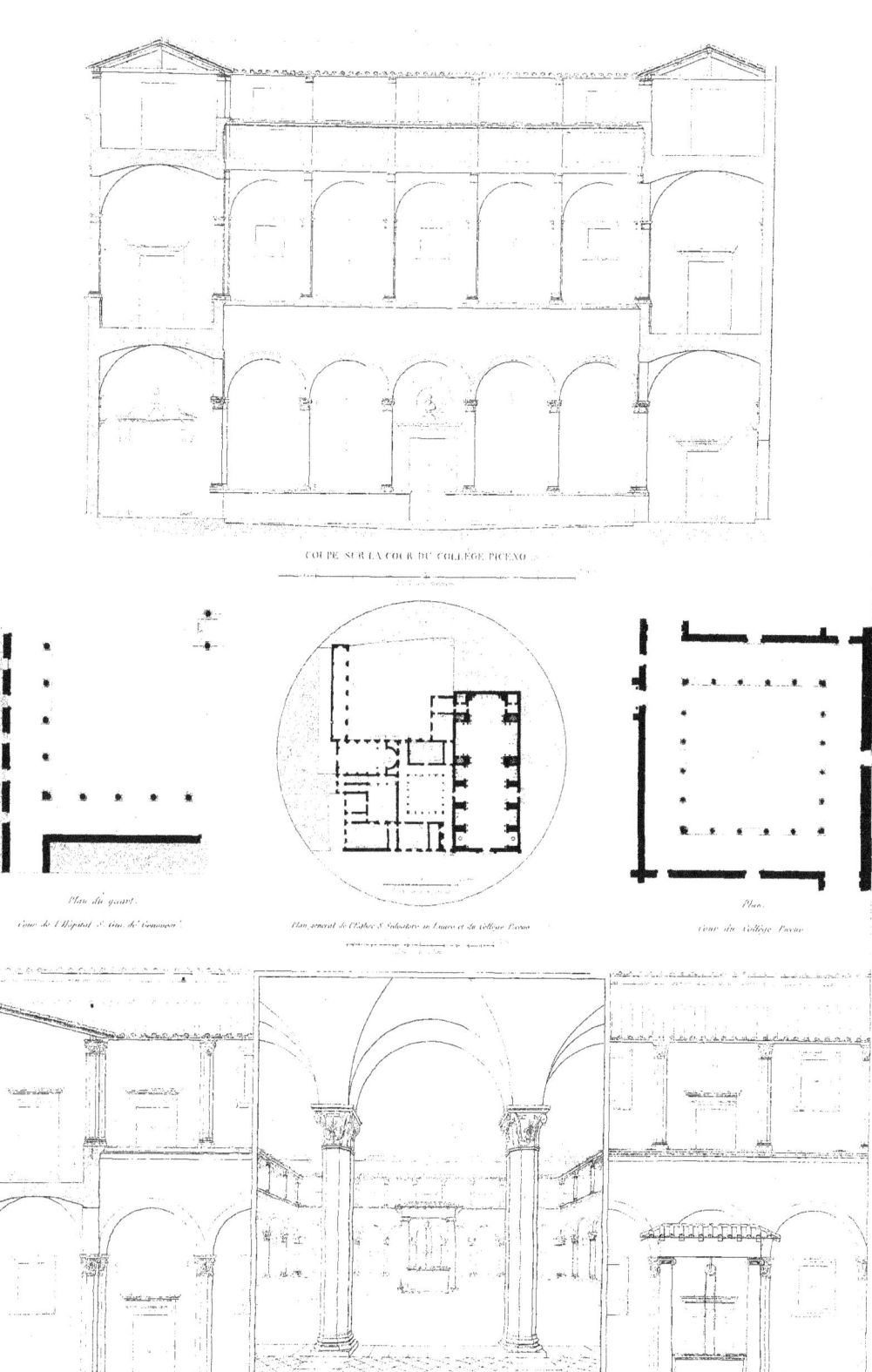

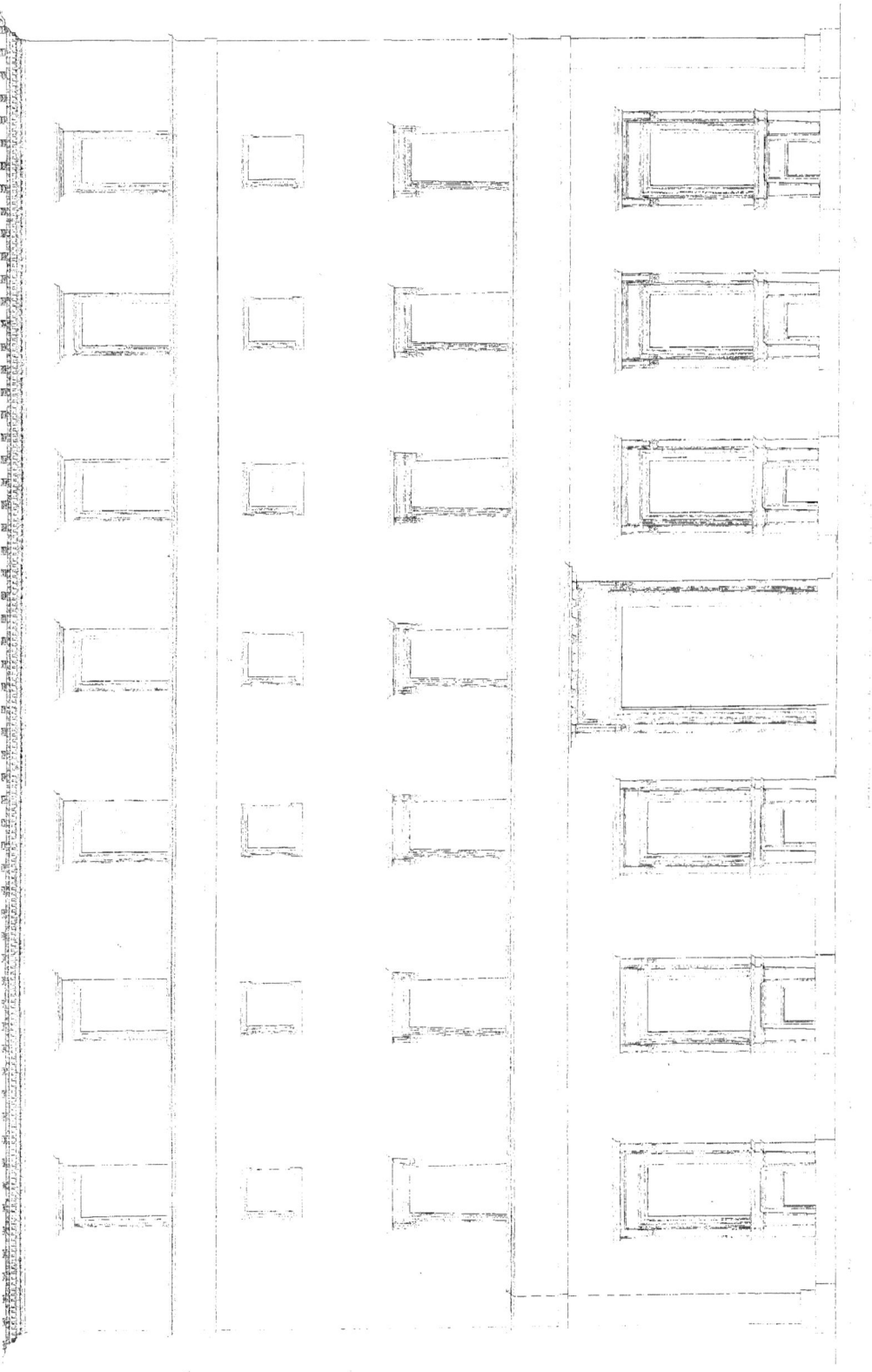

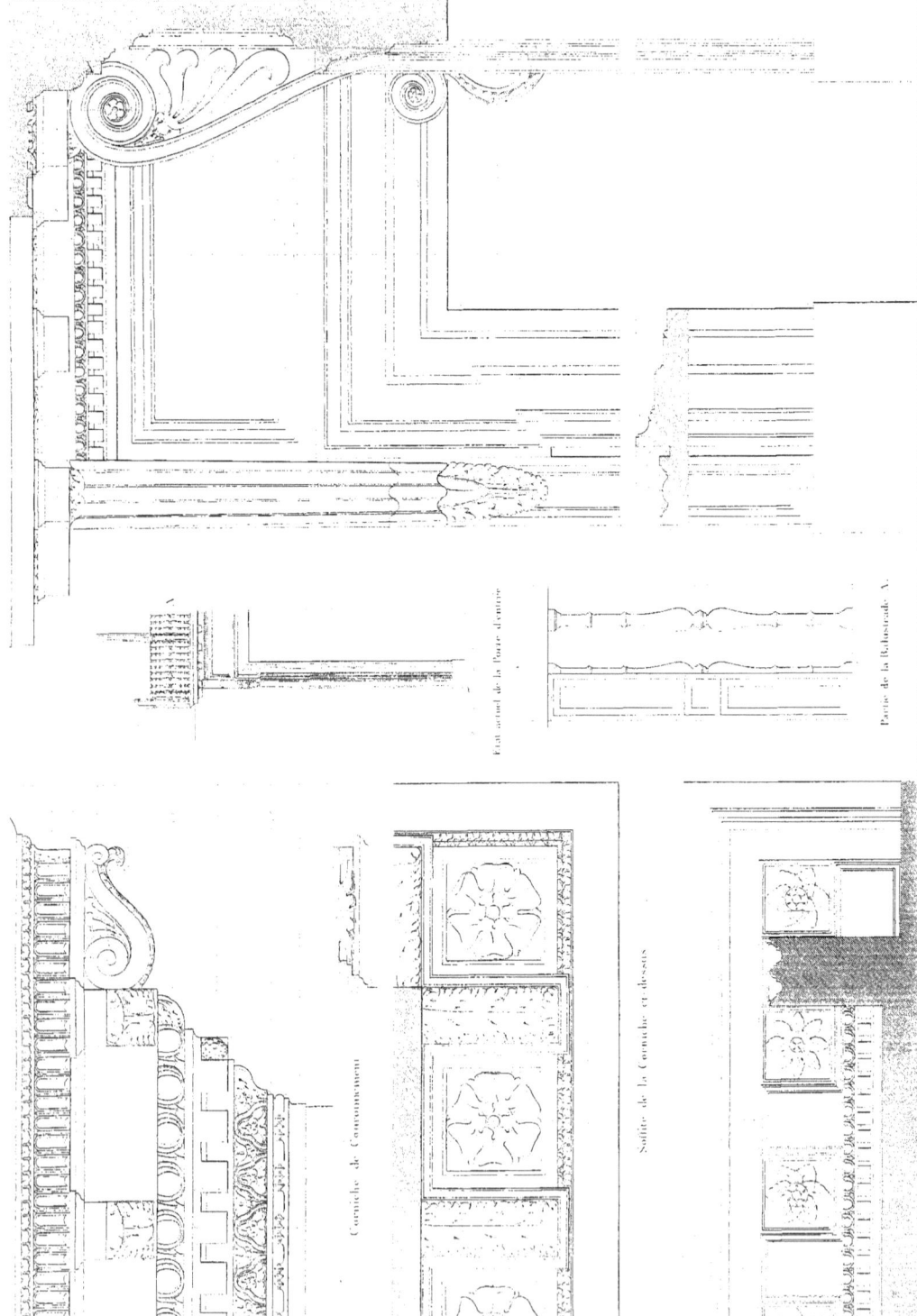

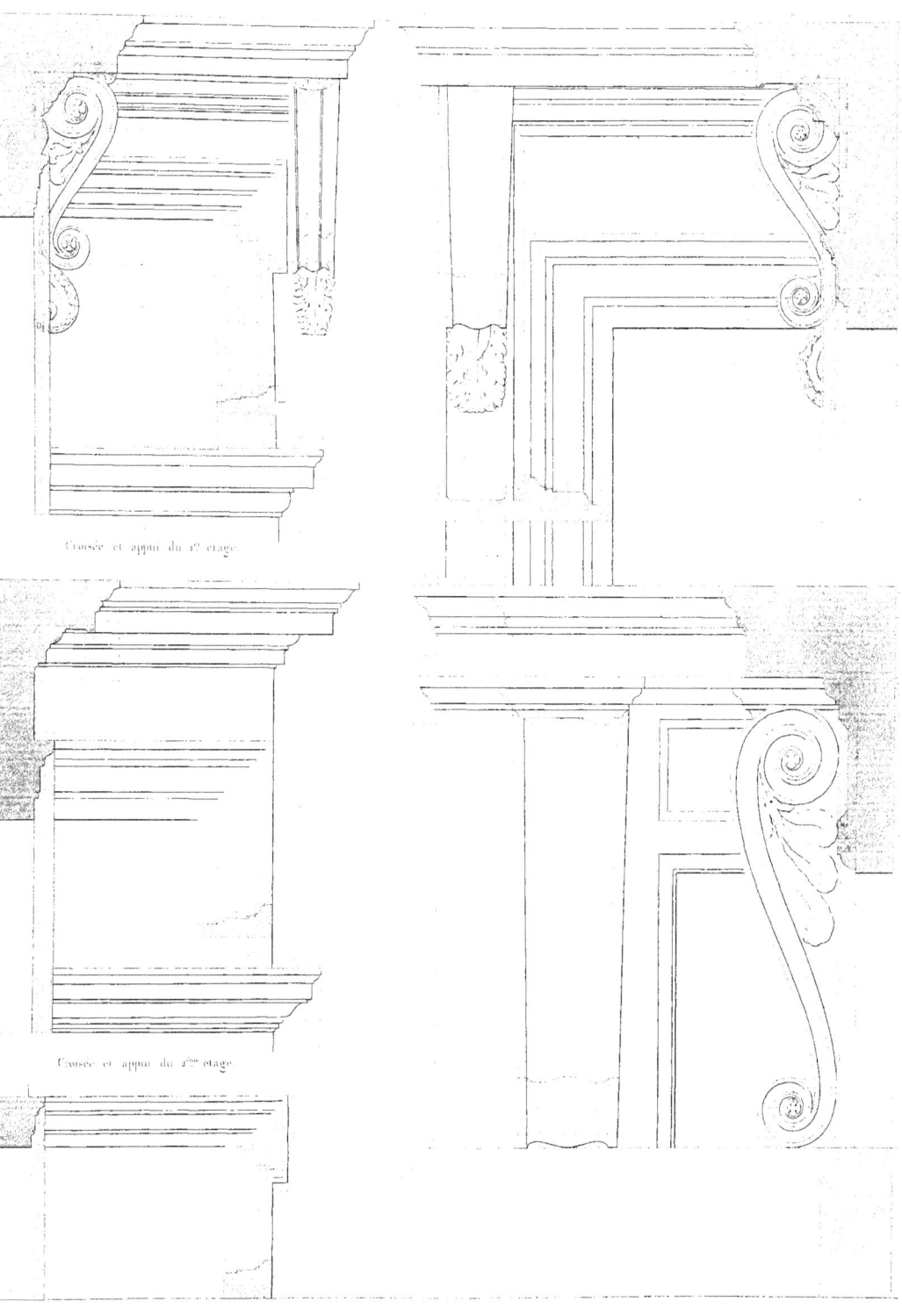

Croisée et appui du 1er étage

Croisée et appui du 2me étage

Mezzanina au dessus du 1er étage — Croisée du rez-de-chaussée

DÉTAILS DE L'ÉLÉVATION DU PALAIS SACCHETTI AUX GIULIA

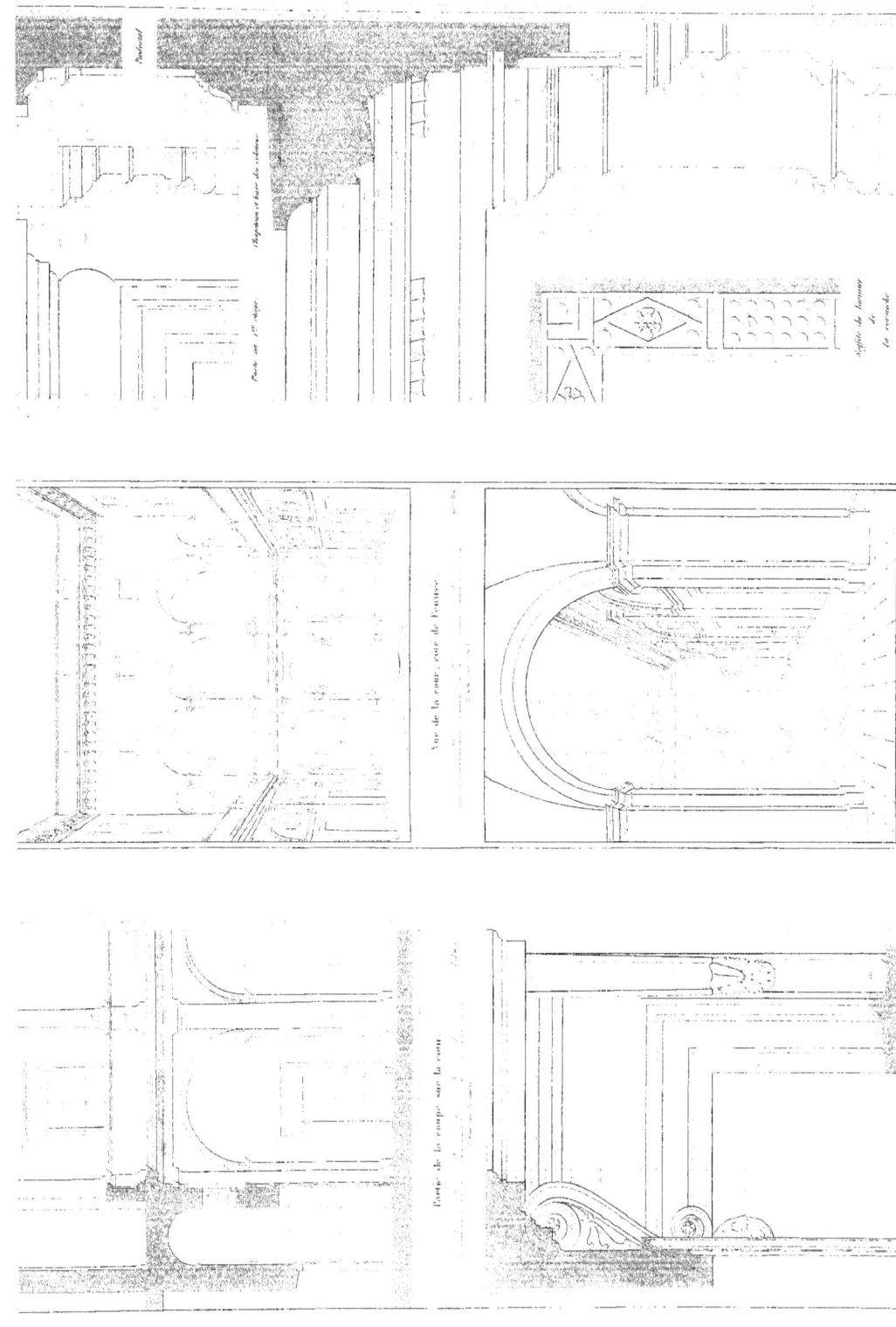

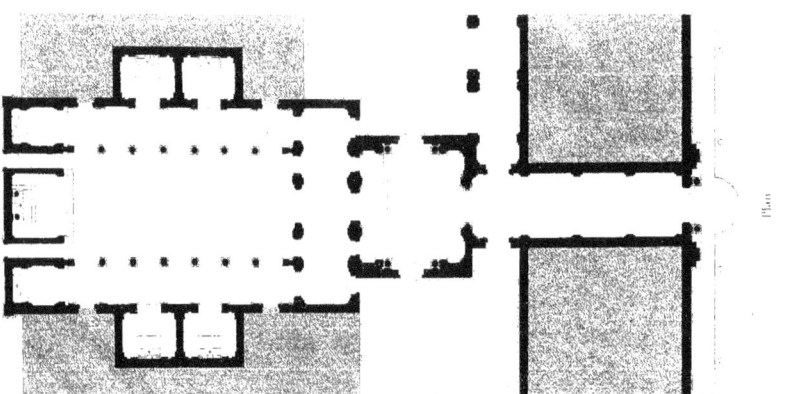

Eglise de S. Lorenzo in Piscibus

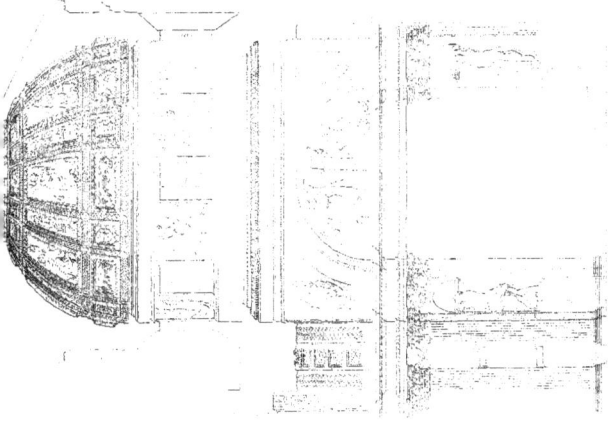

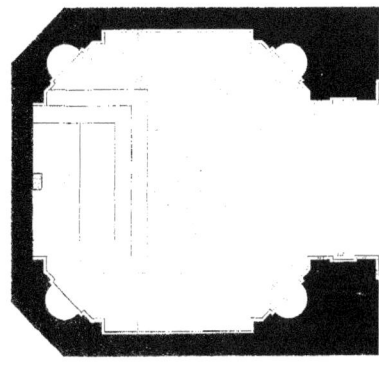

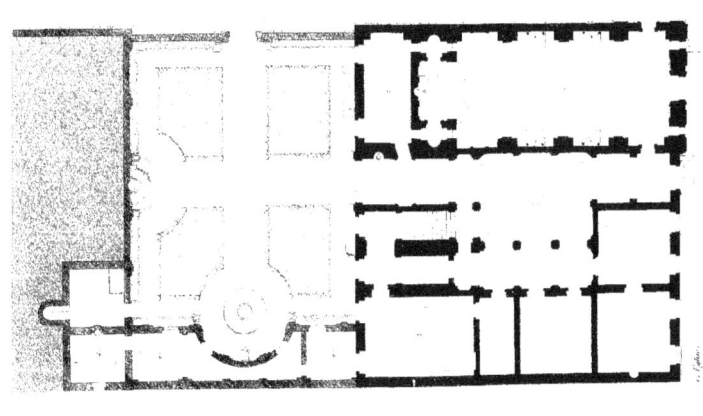

Eglise et Couvent de S. M. in Iulia

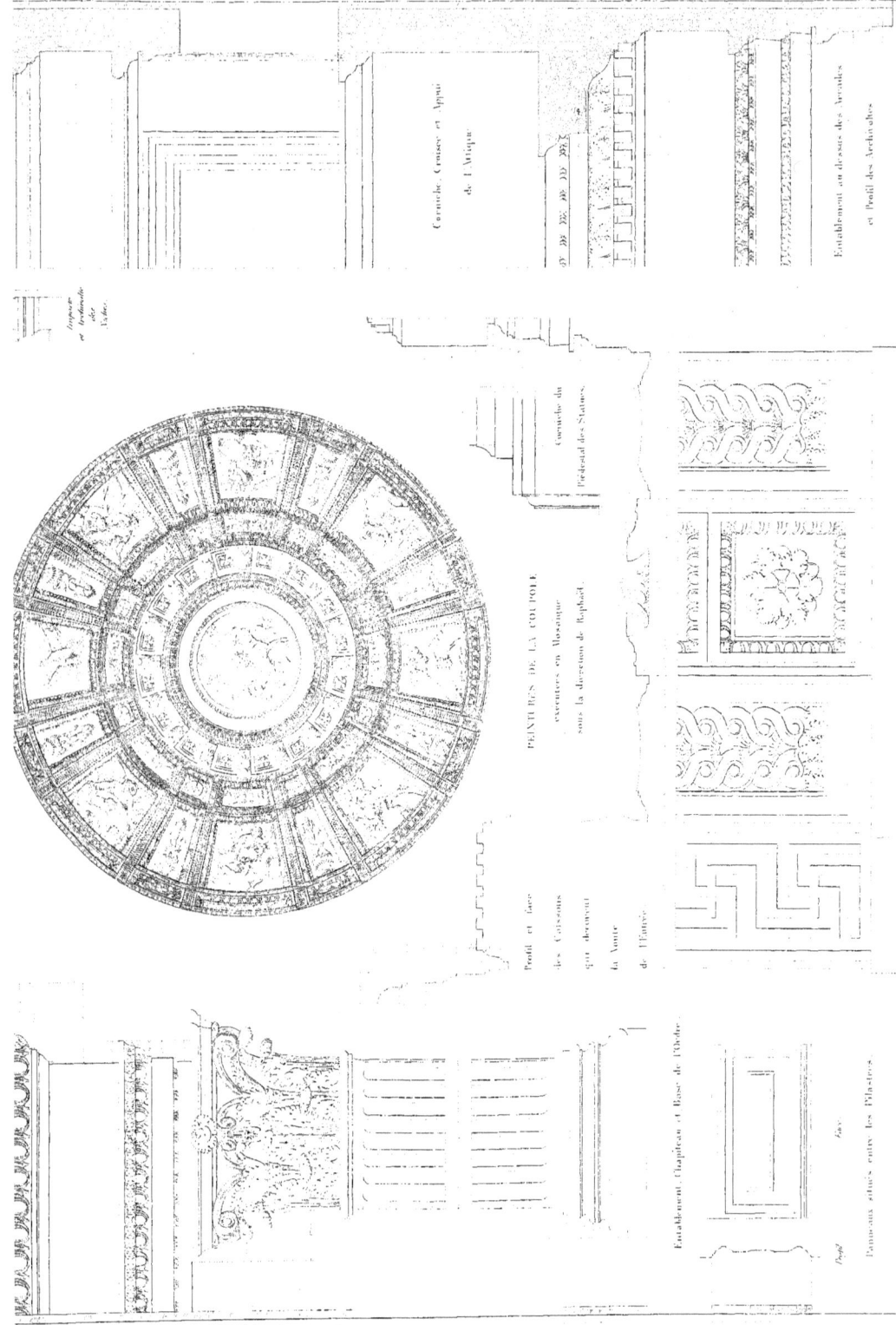

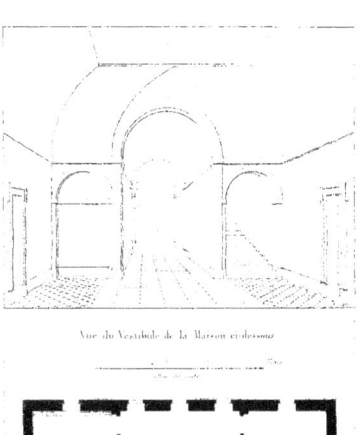

Vue du Vestibule de la Maison ci-dessous

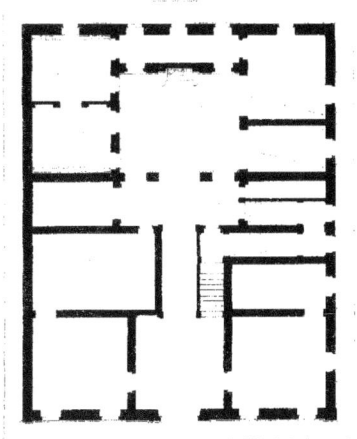

Plan d'une Maison Via delle Coppelle

Plan d'une Maison Piazza Borghese

Plan de la Maison ci-dessous

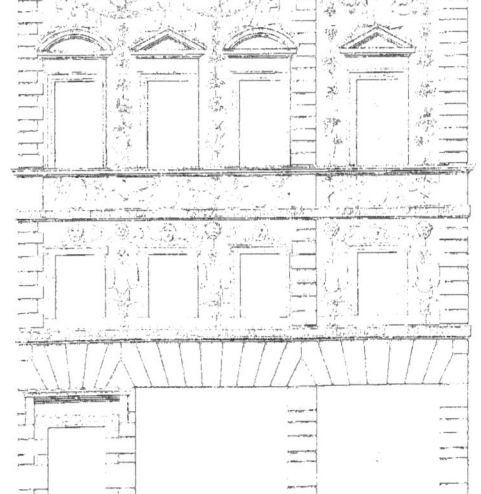

ÉLÉVATION D'UNE MAISON VIA DI S. LUCIA

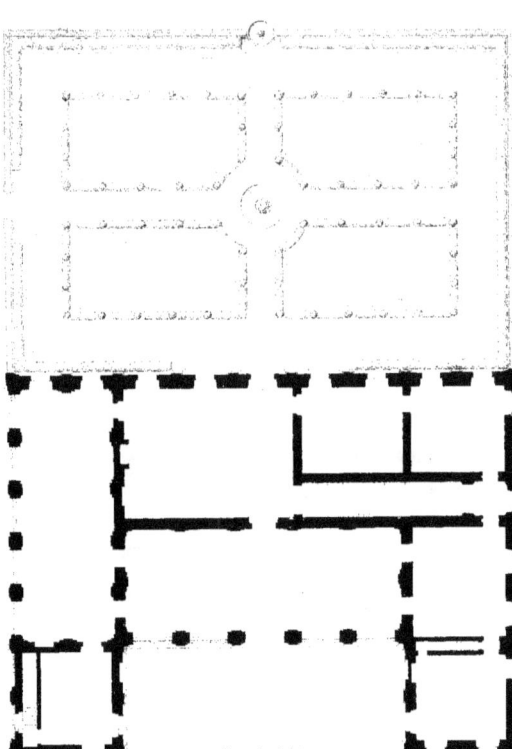

Plan du Palais

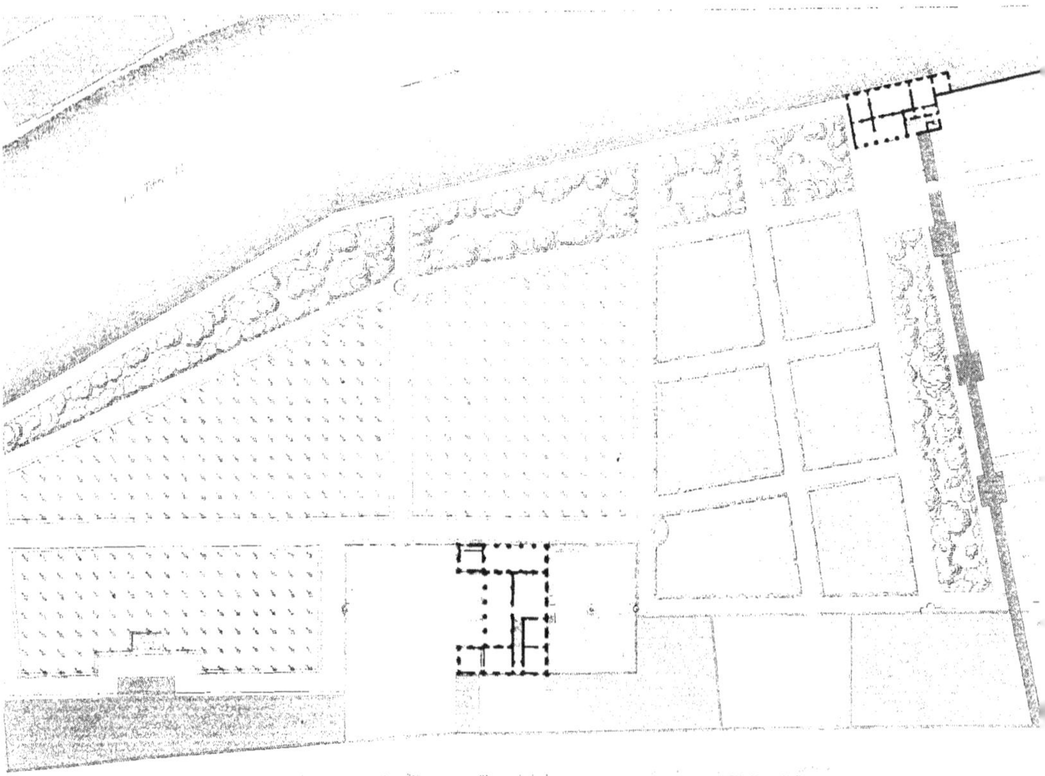

Plan général

PETIT PALAIS FARNESE dit LA FARNESINA.
Via della Lungara

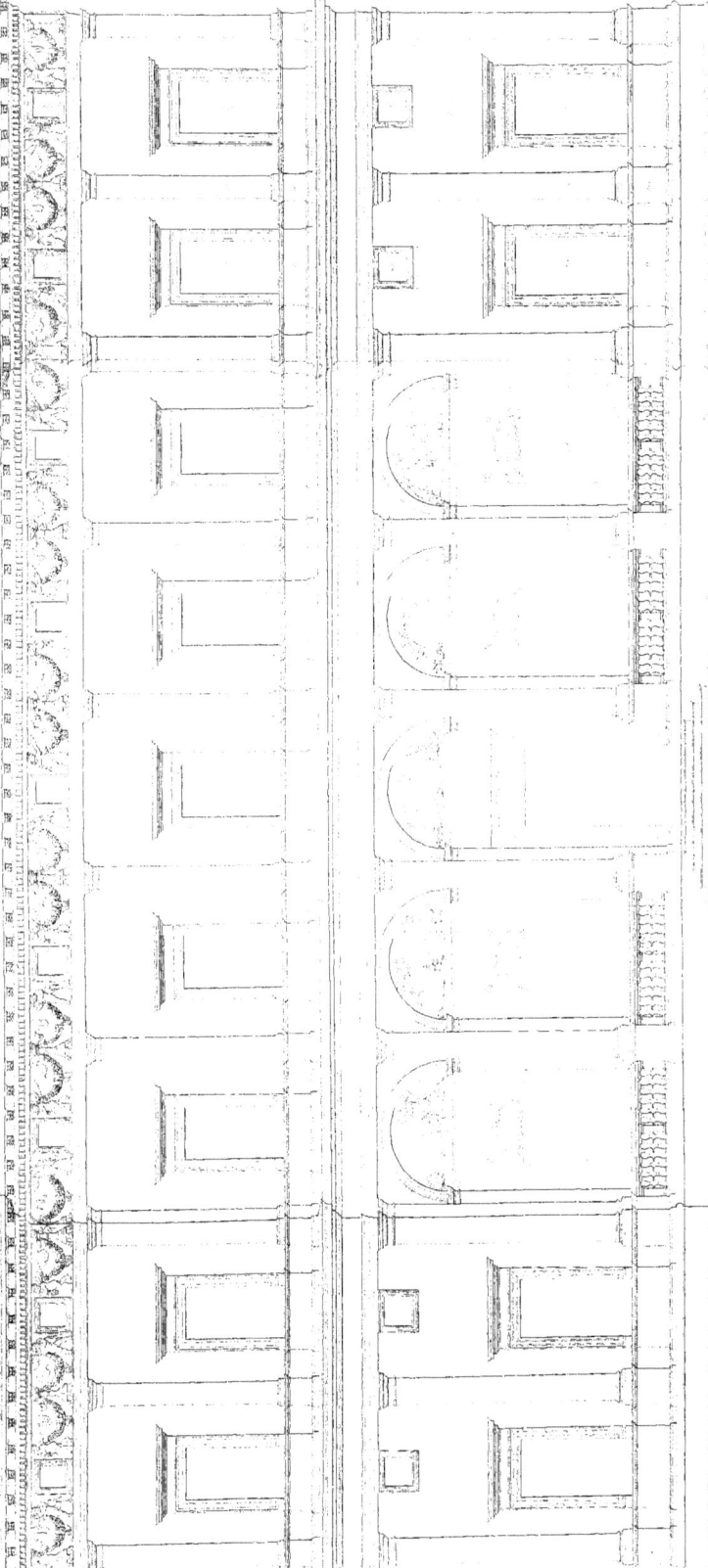

ÉLÉVATION DU PALAIS DE LA FARNESINA ALLA BELLA LONGARA

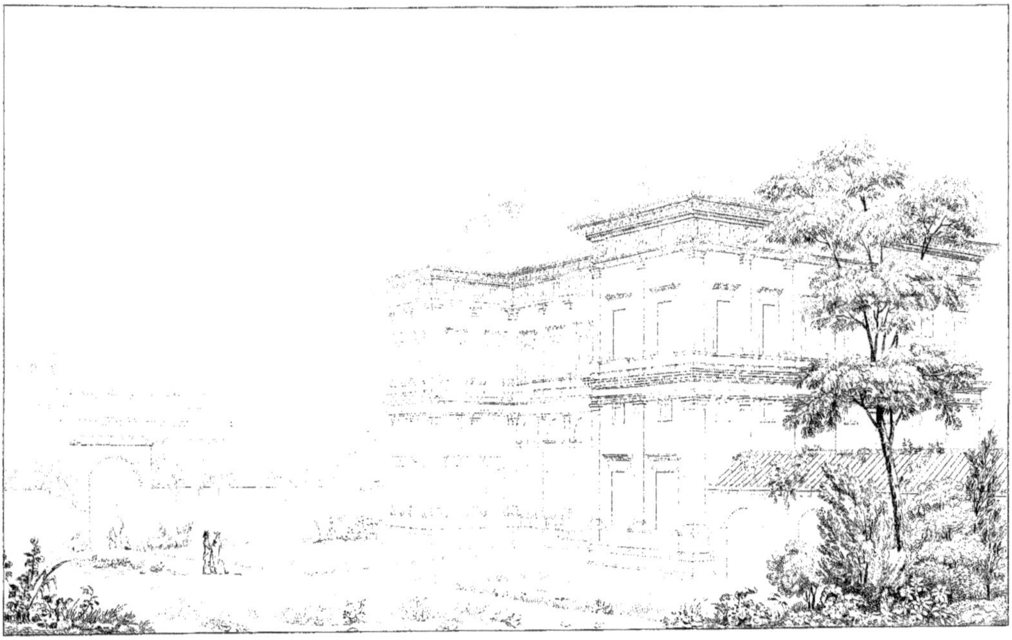

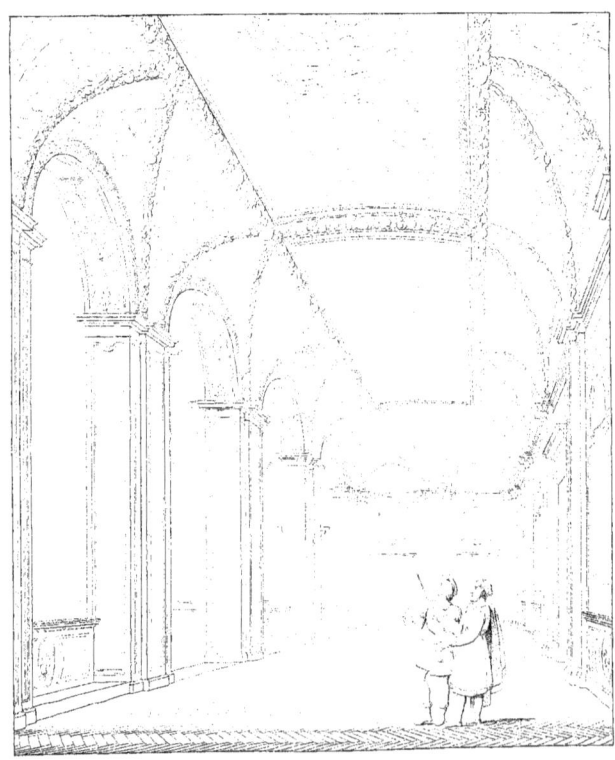

Vue de l'Exterieur du Palais et de l'Entrée des Jardins.

Vue du Vestibule peint par Raphaël.

PETIT PALAIS FARNESE dit LA FARNESINA VIA DELLA LONGARA

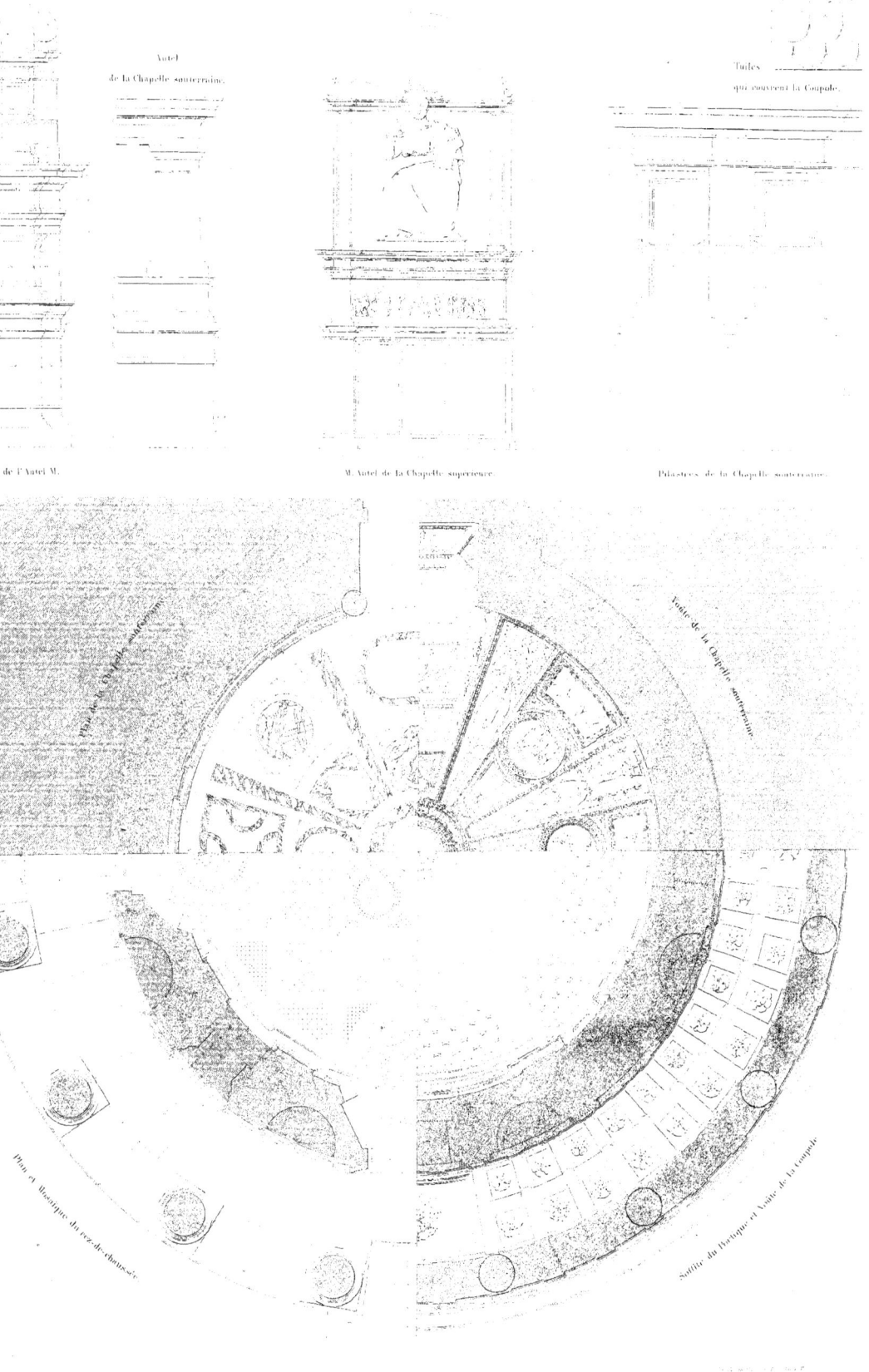

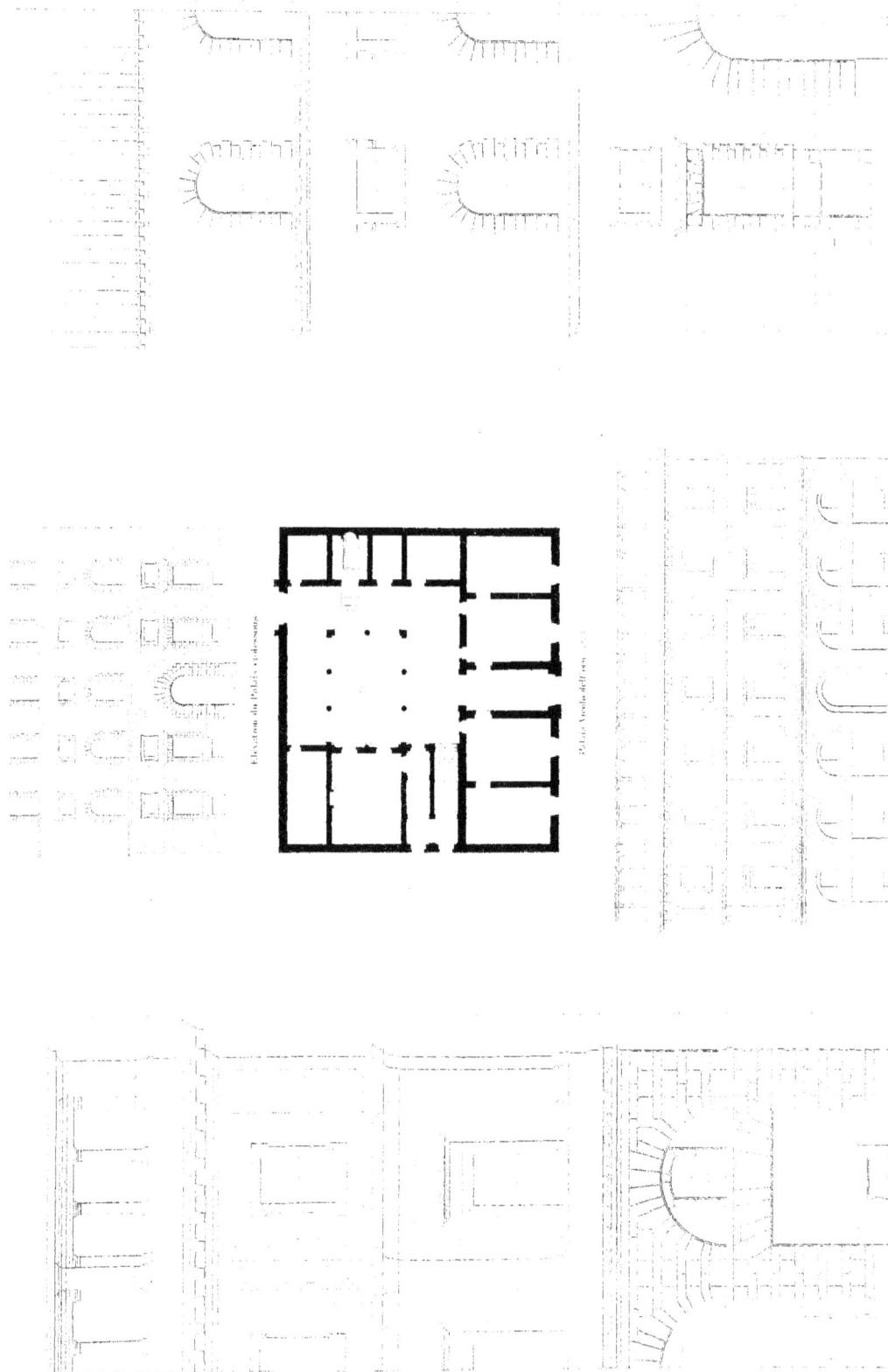

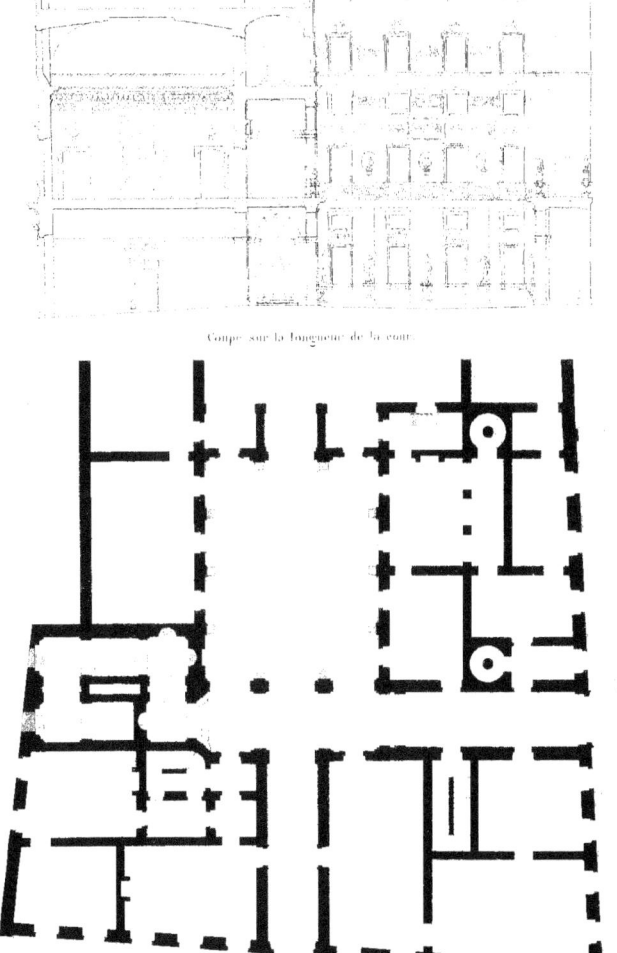

PALAIS MATTEI DI GIOVE

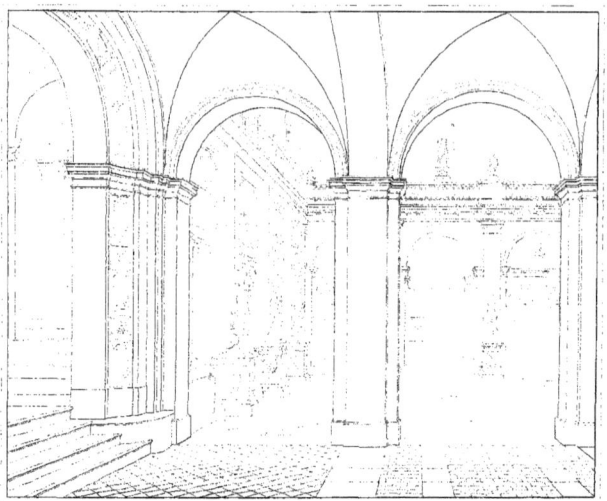

Vue prise de l'Entrée de la cour.

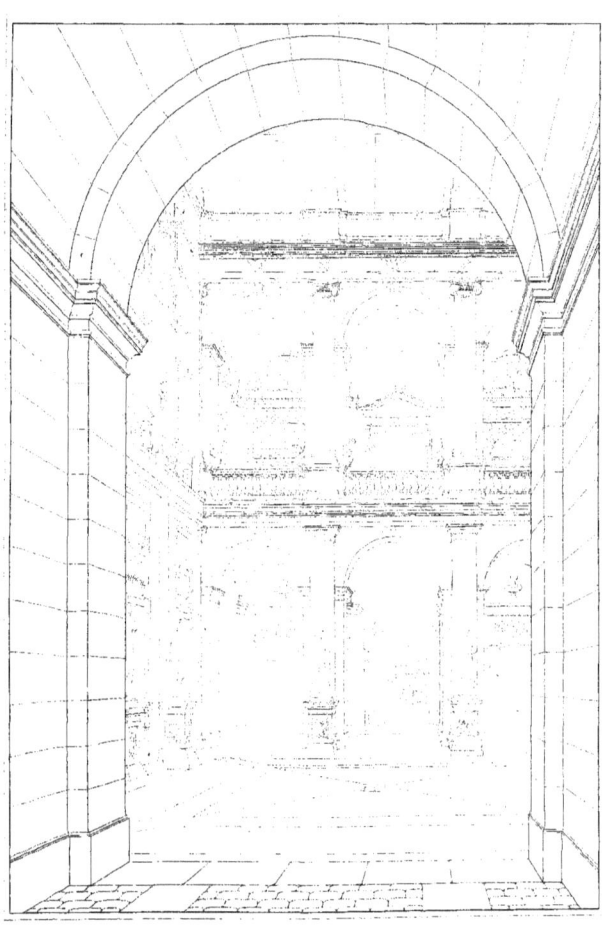

Vue prise du fond de la cour.

Carlo Maderno. PALAIS MATTEI DI GIOVE.

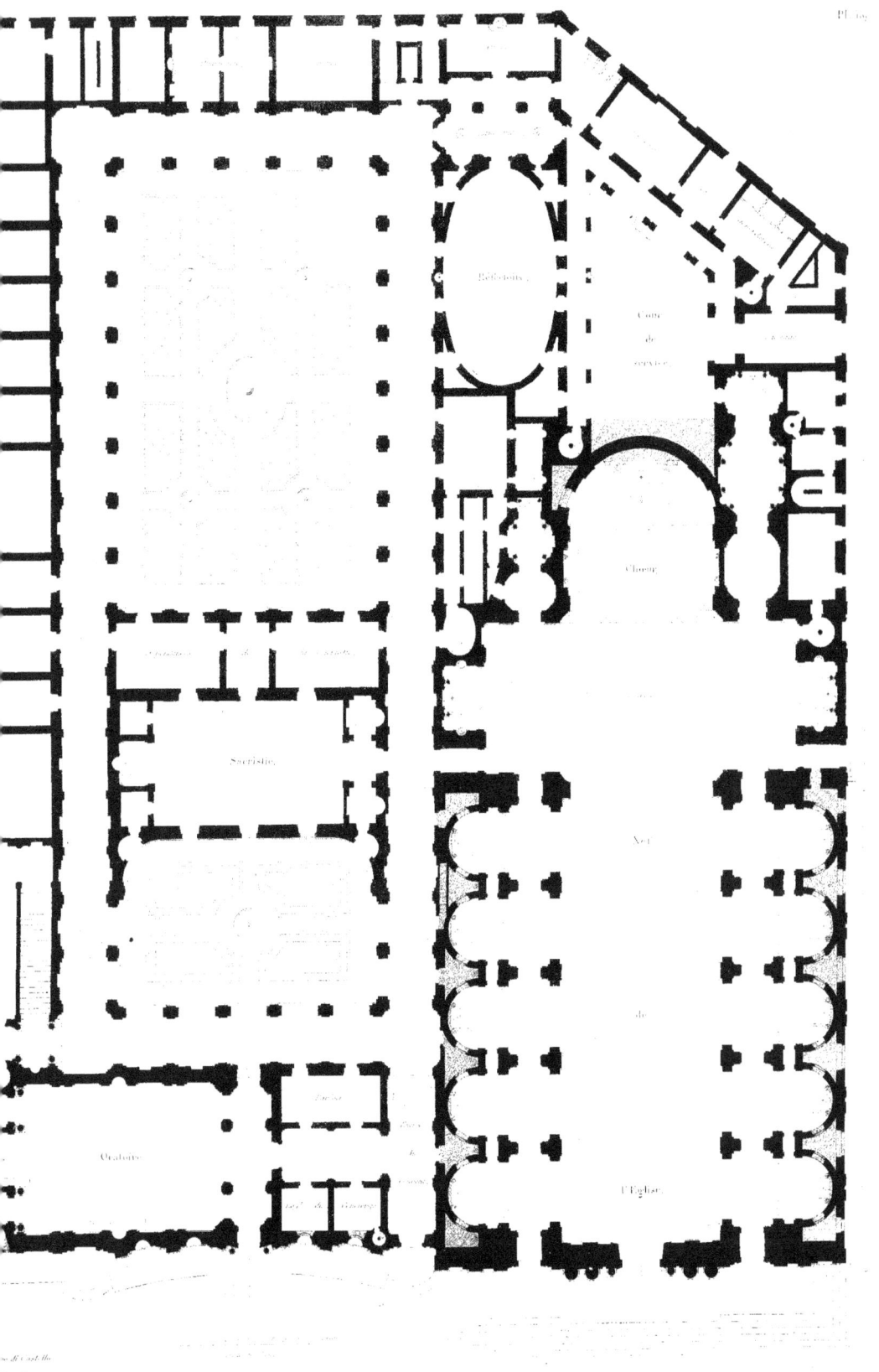
PLAN DE L'ÉGLISE ET DU COUVENT DE S.M. IN VALLICELLA dite LA CHIESA NUOVA, à Rome.

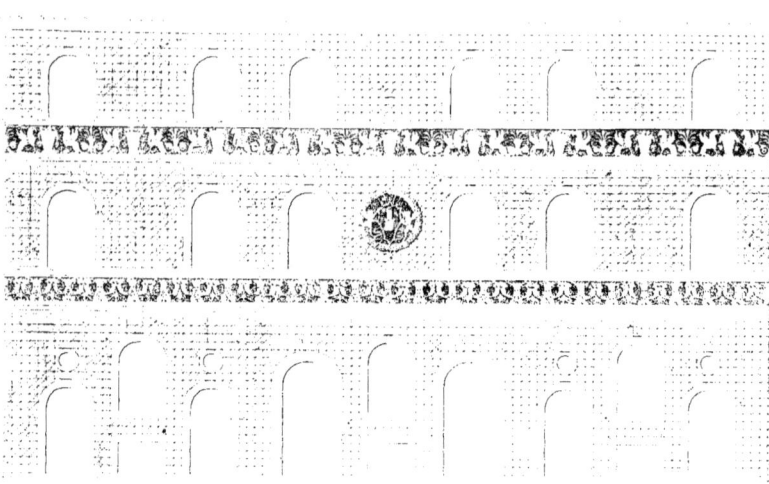

Façade Vicolo dei Matriciani — N. 9

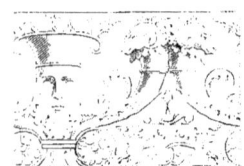

Frise du Premier Étage
de la maison N. 9

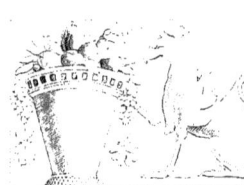

Frise du deuxième Étage
de la maison N. 9

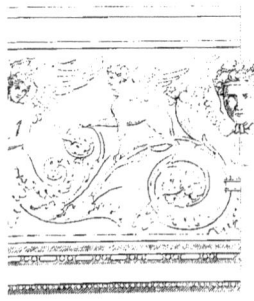

Frise du deuxième Étage
de la maison N. 11

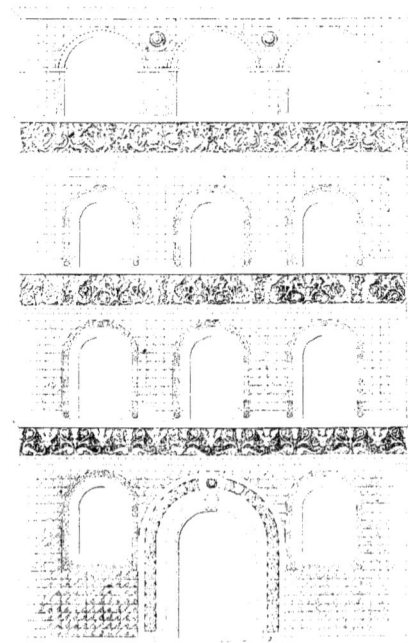

Façade Vicolo del Governo Vecchio — N. 11

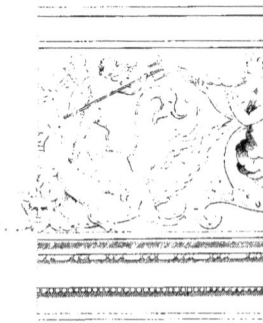

Frise du troisième Étage
de la maison N. 11

MAISONS DU XVIᵉ SIÈCLE DÉCORÉES EN SGRAFFITO.

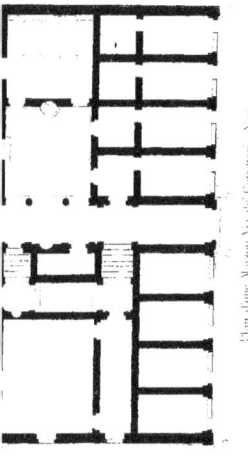
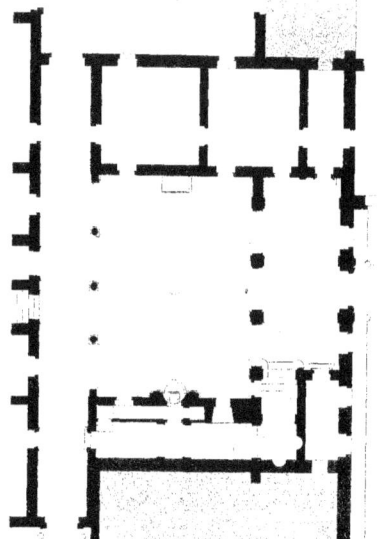
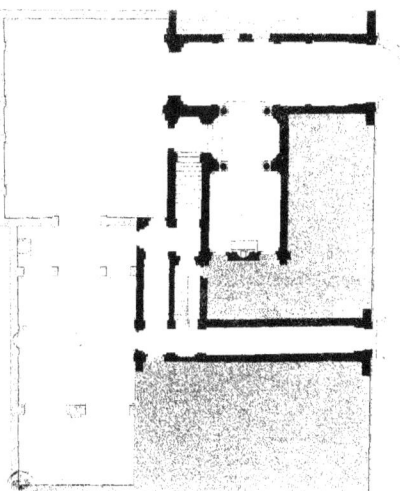

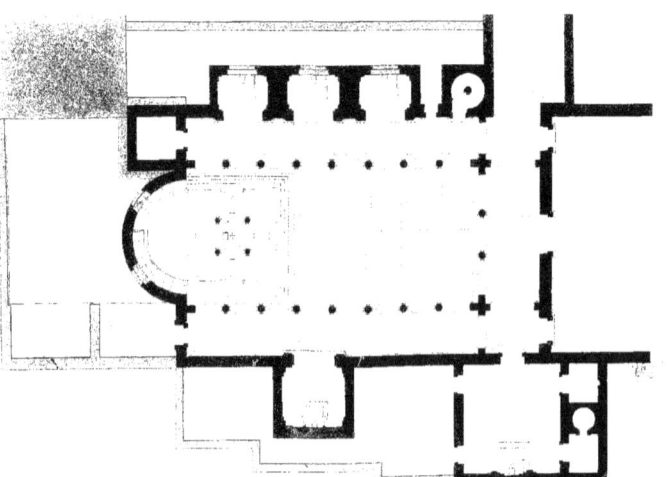

Plan de l'Église au premier étage.

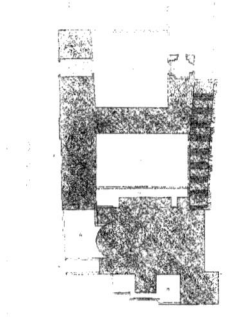

ÉGLISE S. MARIA IN COSMEDIN.

Plan de l'Église au rez-de-chaussée.

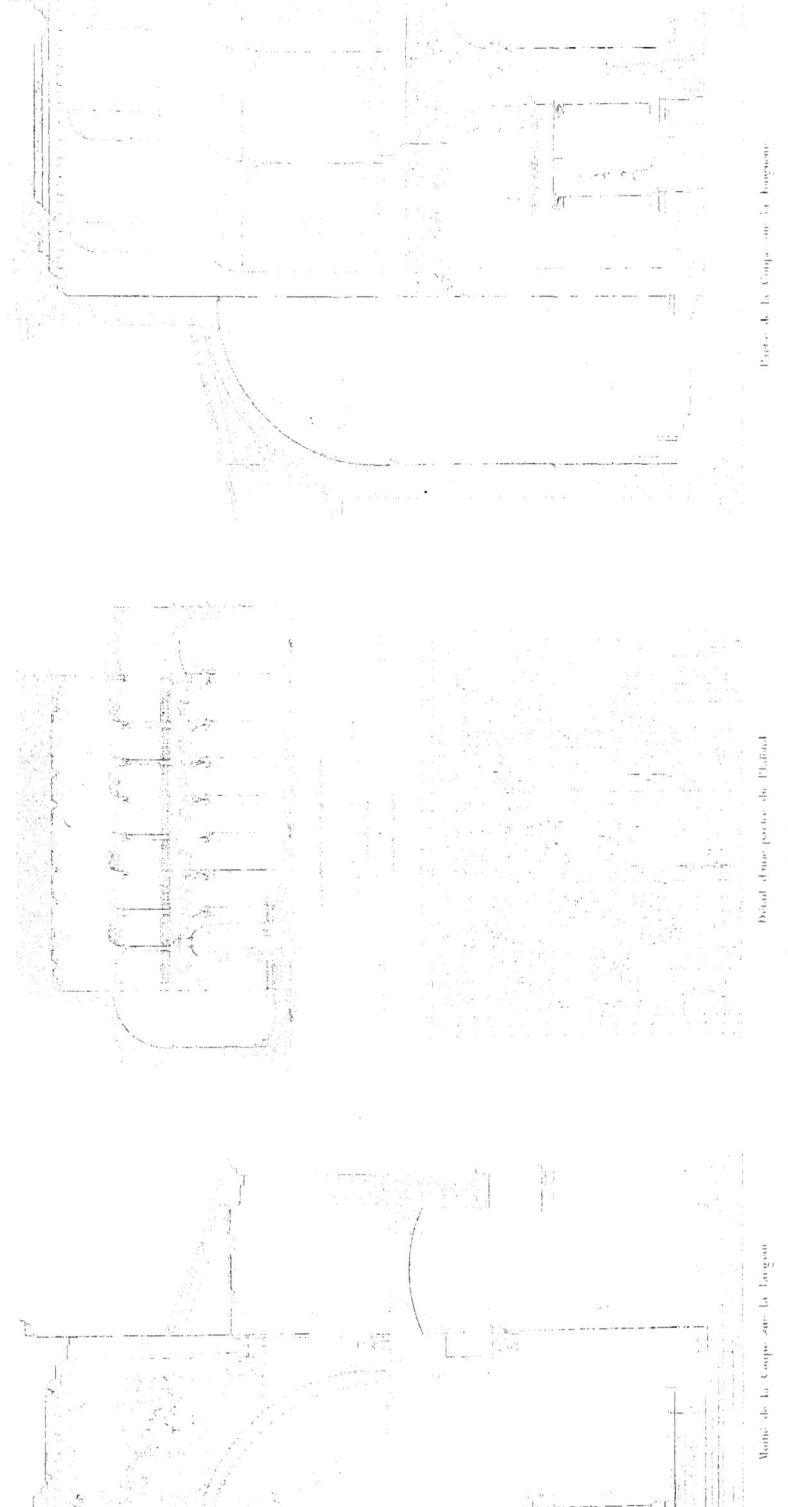

Partie de la Coupe sur la longueur.

Détail d'une porte du Portail

Moitié de la Coupe sur la largeur.

ÉGLISE S. GENÈSE (LOIRE) XIIe SIÈCLE.

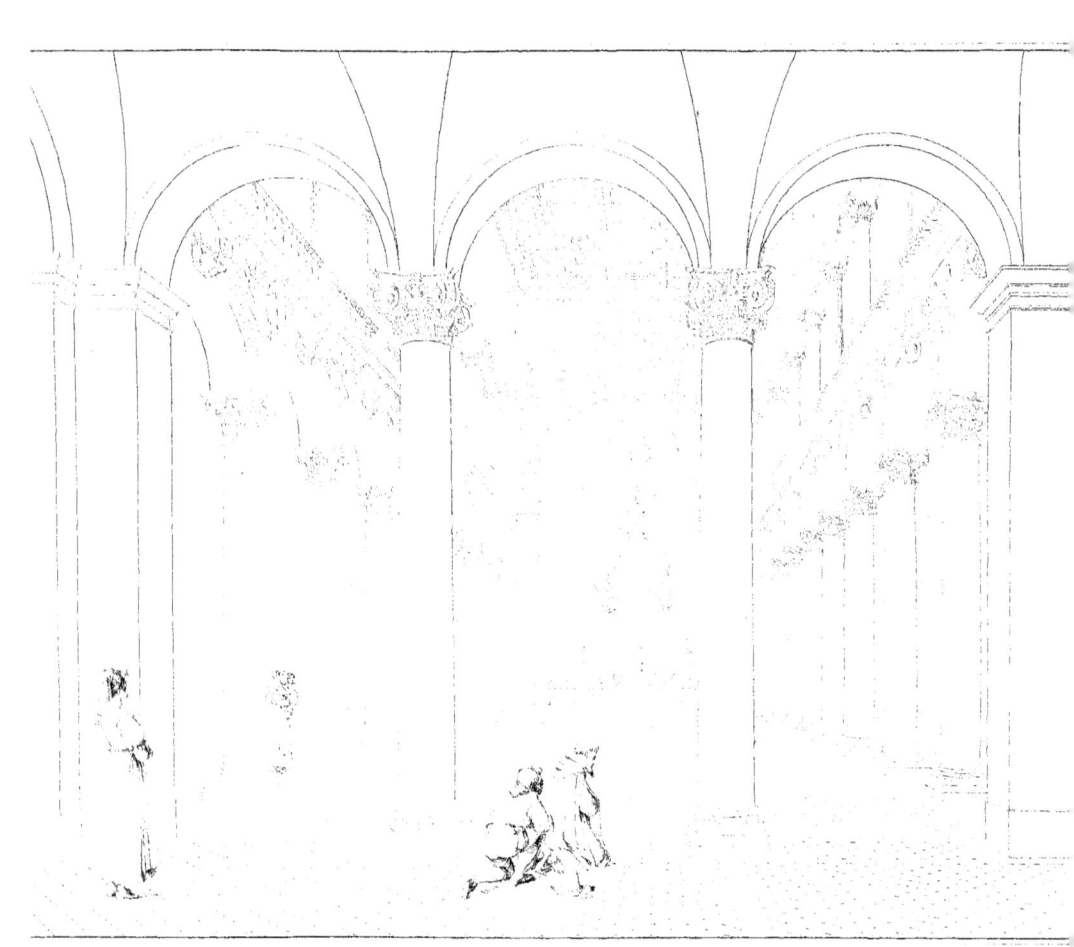

www.ingramcontent.com/pod-product-compliance
Lightning Source LLC
Chambersburg PA
CBHW070148230526
45471CB00002B/574